魔法雑貨の作り方
魔法使いの秘密のレシピ

魔法アイテム錬成所 著

Contents

制作における注意点　4

掲載作品について　4

禁止行為　4

レジンを使った作品作りの基本　5

レジンの基本　6

さまざまなレジン液　7

基本の道具　8

モールド（型）を使う　10

おゆまるを使う　12

2液性エポキシレジン液を使う　14

着色の基本　16

よくあるレジンの失敗例　18

魔法雑貨の作り方　19

魔鉱石の装身具　20，22

魔導師の眼鏡飾り　21，25

夜色鉱石の標本　30，32

竜血結晶と簡易術式スクロール、その他　31，34

魔法円のアミュレット　36，38

星屑ランタン　37，40

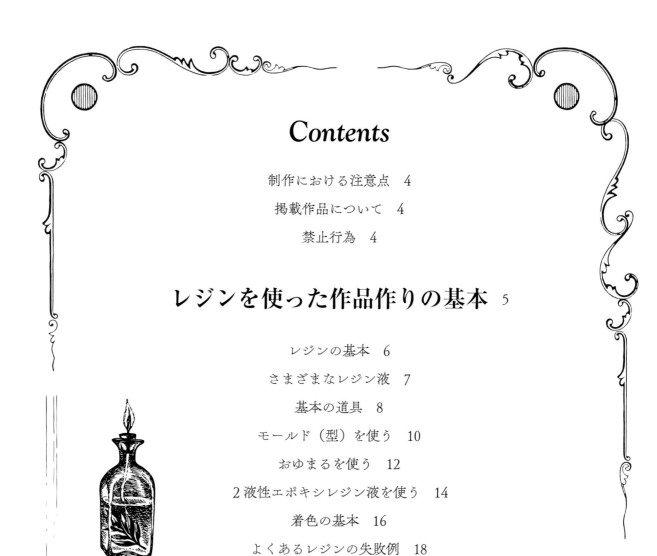

鱗鉱石　43
魔法の杖　50
魔法の杖のオブジェ　51
魔法使いの森　60, 62
水精霊の森　61, 65
宇宙のなる樹　68
宇宙たまご　74
セレスティアライト　80
ルサールカワンド　88
ラティメリアワンド　88, 94
スピリットウォーター　99
胡蝶の夢　104
ラツィエルの涙　109
錬金術師の水薬　114
癒しの雫　119
宇宙小瓶　123
クロノスの薬瓶　125
鉱石テラリウム　128, 130
古の秘薬箱　129, 132
深き森のお守りブローチ　135
冒険者のお守りペンダント　135, 139

作家プロフィール　142

制作における注意点

・レジン液やシリコン液を使用する際は、必ず換気を行ってください。
・レジン液やシリコン液は、直接肌に付着しないようご注意ください。本書では、手袋とマスクの着用を推奨しています。
・衣類や家具などにレジン液が付着する場合がありますので、汚れてもよい服を着用する、机や床にシートを敷くなど準備を行った上で作業しましょう。
・妊娠中の方や健康に不安のある方は、長時間の制作は避け、休憩を取りながら無理のない範囲で作業を行ってください。
・小さなお子様がいる場合、レジン液などの材料や、誤飲の可能性がある小さなパーツは手の届かない場所に保管してください。
・硬化後のレジンは、紫外線や空気に触れることで変色する場合があります。
・レジン液やシリコン液などは、使用前に必ず各メーカーの注意書きをご確認ください。

掲載作品について

本書に掲載されている全ての作品および制作方法の著作権は、それぞれの作家に帰属します。自分自身や家族など限られた範囲での使用を目的とした制作は可能ですが、これらを無断で模倣した作品の展示・販売、SNSへの投稿は禁じられています。本書を参考に制作した作品をSNS等に投稿する際は、本書のタイトルまたは作家名のクレジットを明記していただけますようお願いいたします。
また、作品に使用したパーツや材料の販売元に関するお問い合わせにはお答えできません。

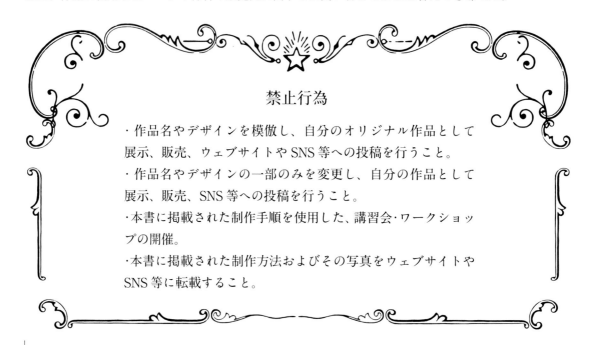

禁止行為

・作品名やデザインを模倣し、自分のオリジナル作品として
　展示、販売、ウェブサイトやSNS等への投稿を行うこと。
・作品名やデザインの一部のみを変更し、自分の作品として
　展示、販売、SNS等への投稿を行うこと。
・本書に掲載された制作手順を使用した、講習会・ワークショップの開催。
・本書に掲載された制作方法およびその写真をウェブサイトやSNS等に転載すること。

レジンを使った作品作りの基本

レジンは色付けしたりアイテムを閉じ込めたりするだけで、幻想的な作品ができあがる魔法の液体です。ここでは、基本的なレジンの取り扱い方法や着色テクニックについて解説します。

レジンの基本

 ## レジンとは

レジンは英語で「樹脂（Resin）」のこと。松脂や漆などの天然樹脂と、人為的に製造された合成樹脂のどちらもレジンですが、ハンドメイド作品の材料として呼ばれるレジンの多くは「UVレジン」または「2液性エポキシレジン」を示します。特にUVレジン液は近年100円ショップなどでも販売されており、比較的手に入りやすい材料です。
UVレジン液と2液性エポキシレジン液の違いについては、次の項目で詳しく解説します。
国内で2017年から販売が開始された「LEDレジン」は、透明度の高さが魅力。時間が経過しても黄変（黄色に変色する）がなく、LEDライトによる硬化時間が短い点も特徴です。値段はUVレジンよりもやや高めですが、今後さらにシェアが広がっていくと予想されます。

 ## UVレジンと2液性エポキシレジンの違い

・UVレジン

紫外線によって硬化する液体です。太陽光でも硬化しますが、UVライトで紫外線を照射することで硬化時間を短縮できます。使用するモールド（型）は、紫外線が透過する透明のものしか使用できません。また、厚みがある形状の場合、紫外線が届かず硬化しにくいため、薄い形状の作品作りに適しています。

・2液性エポキシレジン

主剤と硬化剤の2液を混ぜ合わせることで硬化するレジン液です。UVレジンに比べて安価なため、販売を目的とした場合や、大量に作品を作りたい場合に適しています。UVレジンと違い、不透明なモールドも使用できます。硬化に時間がかかるのと、2液を混合させる際、0.1g単位で正確に計量しなければならない手間はありますが（分量を間違うとうまく硬化しないため）、UVレジンに比べ作れる作品の幅は広がります。

※十分に換気した状態で行い、防毒マスクを着用すること。
※レジン液が皮膚に触れないようニトリル手袋を着用すること。

	価格	硬化時間	制作に適した作品の形状	使用できるモールド
UV	2液性より高い	短時間で硬化する	小さな作品や厚みが薄い作品に適している	透明なもの
2液性	UVより安い	硬化に時間がかかる	ある程度大きな作品や厚みのある作品も作れる	どんな型でも使用可能

さまざまなレジン液

本書に登場する作家が愛用するレジン液を、おすすめポイントとともに紹介します。

UV・LEDレジン

UV-LEDレジン 星の雫（ハードタイプ）
パジコ

黄変しにくく、仕上がりのベタつきも少ない点が気に入っています。（浦河いおり）

UVレジン太陽の雫（ハードタイプ）
パジコ

色々なレジン液を試してみた中で、最も研磨仕上げがしやすかったため愛用しています。（宇宙のなる樹）

艶 UV009 ハード
ルスターグロス

ツヤのある仕上がりが気に入っています。（【farbe－ファルベ－】Kei）

ミスティックムーン オリジナルハード
ネイル工房

モールドから出したあと、ぷっくりとレジンを盛りたい時に使っています。（Oriens）

LED&UV クラフトレジン液
清原

気泡抜けの良さ、透明度の高さ、匂いの少なさ、硬化速度の早さ、すべてがお気に入りです。（Oriens）

2液性エポキシレジン

Sorry Resin
SK本舗

硬化した際にシワができにくい点と、粘度がほとんどなくて、気泡抜けが抜群によいところが気に入っています。（しばすけ）

クリスタルレジン NEO
日進レジン

黄変が少なく、嫌な臭いがしないので愛用しています。（伴蔵装身具屋／Oriens）

基本の道具

レジンを使った作品作りに使用する道具です。本書では作家ごとに使用している道具が異なりますが、ここでは一般的に広くレジン作りに使用されている道具を紹介します。

①UVレジン
紫外線を当てると硬化する液体樹脂。

②2液性エポキシレジン
主剤と硬化剤の2液を混ぜると硬化する液体樹脂。

③着色料
レジンを着色する顔料。液体タイプのものと、パウダータイプのものがある。

④パレット
この上で、レジンに着色料を混ぜる。

⑤調色スティック
レジンに着色料を混ぜる時に使用する。つまようじや竹串でも可。

⑥つまようじ・竹串
レジンに着色料を混ぜたり、気泡をつぶしたりする時に使用する。

⑦モールド（型）
レジン液を流し込む型。シリコン製やポリプロピレン製が一般的。

⑧離型剤
モールドに塗っておくと、硬化したレジンを剥がしやすくなる。

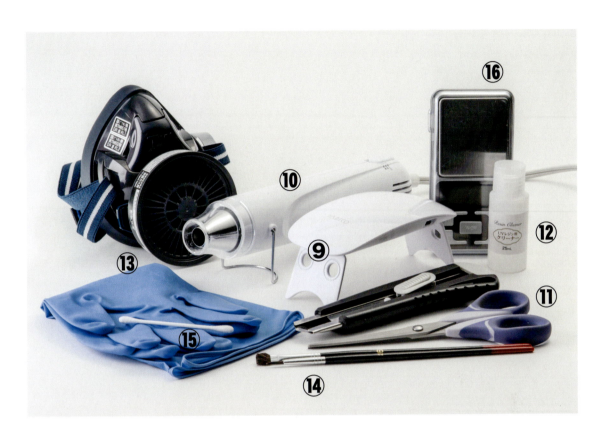

⑨ UV ライト
紫外線ライト。UVレジンを硬化する際に使用する。

⑩ エンボスヒーター
レジンの気泡を抜く時に使用する。

⑪ はさみ、カッター
モールドから取り出したレジンの余分な突起（バリ）をカットする。

⑫ レジンクリーナー
用具などに付いたレジンを拭き取る時に使用する。

⑬ 手袋、防毒マスク
２液性エポキシレジン液を使用する際に着用。

⑭ 筆
モールドに離型剤を塗る時に使用する。

⑮ 綿棒
汚れを拭き取る時などに使用する。

⑯ デジタル秤
２液性エポキシレジンを使う場合は、正確に計量できるデジタル秤を使用する。

モールド(型)を使う

市販のモールド(型)にUVレジン液を流し込んで硬化し、レジン作品を制作します。初めてレジンを扱う人には、やわらかくて硬化後に取り出しやすいシリコン製のモールドがおすすめです。

| 材料 | ・UVレジン液
・着色料 | 道具 | ・パレット
・着色スティック
・シリコンモールド
・つまようじ(または竹串)
・エンボスヒーター
・UVライト
・はさみ(またはニッパー) |

※使い終わった道具は、レジンクリーナーで拭く。
※レジン液は少量でも排水溝に流さない(固まってしまうため)。

1

調色パレットにUVレジン液を入れて、好きな色を混ぜて着色する。気泡ができないように、ゆっくりと少しずつ混ぜるのがポイント。

2

気泡ができてしまった場合は、つまようじや竹串でつぶすか、エンボスヒーターを当てて気泡を消す。エンボスヒーターは高温になるので、やけどに注意しながら少し離して当てる。

3

モールドにレジン液を流し込んでいくが、一度に上まで入れずに、何層かに分けると仕上がりがきれいになる。色調スティックなどでレジン液をすくい、少しずつモールドに入れると気泡ができづらい。

4

それでも気泡ができてしまったら、2の作業を繰り返す。

5

UVライトを4〜5分ほど照射する。

6

モールドいっぱいにレジン液を流し込む。この時点でも気泡ができてしまったら、**2**の作業を繰り返す。

7

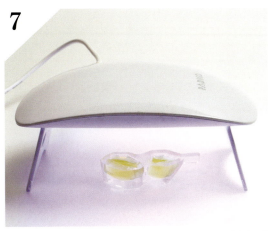

UVライトを4〜5分ほど照射する。つまようじで表面の感触を確かめて、ベタつきが残っているようなら別方向や裏面からも照射する。

8

硬化後、レジンが冷えたらモールドから取り出す。はさみやニッパーを使って、バリ（余分な突起）を取ったら完成。

Point

気泡があると硬化の最中につぶれて表面が凸凹になってしまったり、中に空洞ができてしまったりして、きれいに仕上がりません。UVライトで硬化させる前に、念入りに気泡を消しておきましょう。

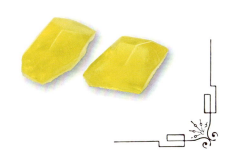

おゆまるを使う

よりオリジナリティの高い形で作りたい場合、プラスチック粘土「おゆまる」で型取りをするのがおすすめです。鉱物などで型取りをすれば、市販の型とはまた違った味わいのレジン作品ができあがります。

| 材料 | ・おゆまる（単色クリア）
・型を取るための鉱物
（小石や氷砂糖でも可）
・UVレジン液
・着色料 | 道具 | ・耐熱容器
・ピンセット
・キッチンペーパー
・パレット
・着色スティック
・つまようじ
・エンボスヒーター | ・UVライト
・はさみ
（またはニッパー） |

おゆまる／ヒノデワシ株式会社

1

耐熱容器に「おゆまる」を入れ、80度以上のお湯を注ぐ。やけどに注意。

2

やわらかくなったらピンセットで取り出し、キッチンペーパーで水気を拭き取る。テッシュペーパーで拭くと繊維が残りやすいので注意！

3

やわらかいうちに丸めてのばす。

4

平たくのばしたら、原型となる鉱物を包む。のばしたおゆまるが薄すぎると、鉱石を取り出す時に割れやすくなるので注意。

5

レジン液を流す時に安定するように、上から押し付けて底を平らにする。

6

作業中におゆまるが硬くなったり、型がうまく取れなかったら、もう一度お湯に入れたり、エンボスヒーターを当てたりするとやわらかさが戻る。

7
冷水に入れて固める。

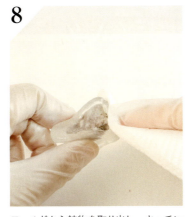
8
モールドから鉱物を取り出し、キッチンペーパーで水気をよく拭き取る。水気が残っているとレジン液を入れた時に硬化不良を起こすので注意。

9
パレットにレジン液を入れ、好きな色を混ぜて着色する。気泡ができないように、ゆっくりと少しずつ混ぜる。

10
気泡ができてしまった場合は、つまようじや竹串でつぶすか、エンボスヒーターを当てて気泡を消す。

11
8 でできたモールドにレジン液を流し込む。この時点でも気泡ができてしまったら、**10** の作業を繰り返す。

12
UVライトを4〜5分ほど照射する。つまようじで表面の感触を確かめて、ベタつきが残っているようなら別方向や裏面からも照射する。

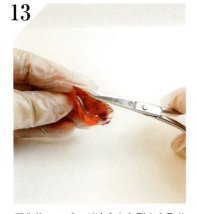
13
硬化後、レジンが冷えたら型から取り出す。はさみやニッパーを使って、バリを取ったら完成！

Point

でき上がったモールドは繰り返し使えます。おゆまるは80度以上のお湯でやわらかくなるので、さらに好きな形に作り変えることもできます。

2液性エポキシレジンを使う

大きくて厚みのあるモールドや不透明なモールドを使用する場合は、2液性エポキシレジンを使用します。主剤と硬化剤の配合を誤ると硬化しないため、分量はデジタル秤で正確に量りましょう。

材料	・シリコンモールド（大きめのもの、不透明なもの） ・2液性エポキシレジン液 ・着色料	道具	・ニトリル手袋 ・防毒マスク ・デジタル秤 ・プラスチックカップ ・ゴムベラ	・エンボスヒーター ・モールドを覆うサイズのホコリよけ（タッパーなど） ・竹串

※レジン液は少量でも排水溝に流さない（固まってしまうため）。

※十分に換気した状態で行い、防毒マスクを着用すること。
※レジン液が皮膚に触れないようニトリル手袋を着用すること。

大きくて厚みのあるモールド

1 デジタル秤にプラスチックカップを乗せて、必要な量の主剤を注ぐ。

2 1に規定量の硬化剤を加える。主剤と硬化剤の比率は製品によるので、事前に確認しておくこと。

3 ゴムベラで側面や底をこそげるように、よく混ぜる。混ぜ方が不十分だと硬化不良の原因になるので注意。

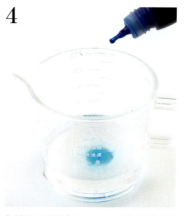

4 色付けする場合は、ここで着色料を少量ずつ混ぜる。

5 気泡がある場合は竹串でつぶすか、外側からエンボスヒーターを当てる。

6

レジン液を気泡ができないようにゆっくり流し込む。底から3cm程度まで流し込んだら、いったん硬化させる。気泡ができたら5の手順を行う。

7

24時間ほど（季節や環境により異なる）平らな場所に置いて硬化させる。ホコリがかからないように、カバーをかけておくとよい。ここではタッパーを使用。

8

1～5の手順で作ったレジン液をゆっくり縁まで流し込む。

9

気泡ができたら5の手順を行う。

10

さらに硬化させる。

11

完全に固まったらモールドから外す。

不透明なモールド

1

基本的なレジン液の作り方は、左ページに同じ。モールドの模様が細かい場合、隅々までレジン液が行き渡らなかったり、気泡ができてしまったりするので注意しながら入れる。

2

隅々まで行き渡ったら、ホコリよけのカバーをして24時間ほど（季節や環境により異なる）平らな場所で硬化させる。完全に固まったらモールドから取り出す。

着色の基本

着色料は、液体の着色料とパウダータイプのものが一般的です。どちらもごく少量で着色できるので、ほんの少しずつ透明のレジン液に混ぜて使います。着色料を入れすぎると固まりにくくなるので、注意が必要です。混ぜる際、早く大きく混ぜると気泡が入るので、ゆっくり少しずつ混ぜるのがポイント。

液体着色料を使って着色する

1

パレットに透明UVレジン液を出し、液体着色料をほんの少量入れる。

2

調色スティックでゆっくり小さく混ぜる。もっと濃くしたければ、ごく少量ずつ着色料を足す。

3

レジン用の液体着色料はレジン液と混ざりやすいので、初心者におすすめ。

着色料による仕上がりの違い

使用する着色料によって、レジン作品の仕上がりが変わります。作品に透明感を出したい時は、レジン用の液体着色料が最も適しています。少し透明感を抑えたい時や、あえてつぶつぶ感を出したい時にはカラーパウダーを使用するとよいでしょう。また、アクリル絵の具を使うと、さらにマットな仕上がりになります。

液体着色料　　　カラーパウダー　　　アクリル絵の具

グラデーションを作る

1

透明のUVレジン液をモールドに流し入れる。

2

ごく少量の着色料を入れる。着色したUVレジン液を入れてもよい。

3

竹串を垂直に立ててさし込み、ゆっくりと回す。ちょうどいい混ざり具合になったらUVライトを5〜6分ほど照射して硬化させる。光は向きを変えながら全体に当てるとよい。

ツートーンカラーにする

1

透明のUVレジン液をモールドに流し入れる。

2
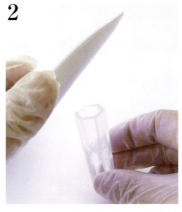
UVライトを3分ほど照射して硬化させる。最後にまたライトを当てるので完全に硬化させなくてもよい。

3

色付きのUVレジン液を流し入れる。この時、縁から伝わせるように1滴ずつ入れると気泡ができにくい。

4
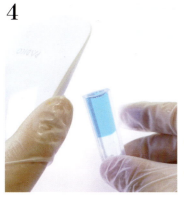
UVライトを5分ほど照射して硬化させる。光は向きを変えながら全体に当てるとよい。

Point

初めのうちは、色々な形のモールドでグラデーションを作る練習をするとよいでしょう。

よくあるレジンの失敗例

レジンにシワができる

UVレジンは硬化する時に縮む性質があります。それがシワの原因です。レジン液を一度に上まで流し込み硬化させるのではなく、少量ずつ何層かに分けて硬化させると、シワの発生を防ぐことができます。それでもシワができてしまったら、右の写真のように筆で全体を薄くコーティングするようにレジン液を塗って硬化させれば、目立たなくなります。

表面に汚れやホコリがついている

汚れやホコリがついたままのモールドを使ってしまったことが原因です。使用前にレジンクリーナーを染み込ませたテッシュやアルコールウエットティッシュで拭いたり、ガムテープの粘着面で汚れを取り除いたりしてから使うとよいでしょう。作業中もホコリが立たないよう注意しましょう。

気泡ができる

小さな気泡ならエンボスヒーターを当てて消しましょう。大きな気泡は竹串などでつぶします。気泡ができにくいレジン液を使うのもひとつの手です。

エンボスヒーターで容器が溶けてしまった

エンボスヒーターの熱風温度は200～250度と、とても高温になります。気泡を消すために長時間熱風を当てると、レジン液を入れた容器やモールドを溶かしてしまうことがあります。数回に分けて当てるなど、使い方に気をつけましょう。火傷にも注意が必要です。

レジン液が制作途中で固まってしまった

UVレジン液は紫外線で硬化する性質があります。日光の当たる部屋で制作すると、作業途中で硬化してしまうことも。着色したレジン液を後から使いたい場合は、アルミホイルをかぶせ、紫外線を遮断して一時保存しておくとよいでしょう。

魔法雑貨の作り方

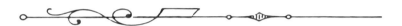

ここから先は「ホンモノ」と「ツクリモノ」の境界線を行ったり来たり。
めくるめく魔法雑貨の世界へようこそ！

Magic Stone Accessories
魔鉱石の装身具
伴蔵装身具屋

さまざまな場所で採れる魔力のこもった石。
自然の中にあるうちはただの石だが、丹念に錬金することによって魔力が引き出され、中がキラキラと輝き、魔法の媒体として使えるようになる。

作り方 p22-24

Wizard Glasses Decoration
魔導師の眼鏡飾り

伴蔵装身具屋

魔導師の魔力を上げるために作られた眼鏡飾り。
妖精の羽根、魔鉱石、流れ星のかけら等、魔力の流れを良くするアイテムが散りばめられている。

作り方 p25-29

Magic Stone Ring and Earrings
魔鉱石の指輪とピアス

材料
- 原型用の鉱石×2
- シリコン主剤と硬化剤（ブルーミックス）
- エポキシレジン液
- ラメ
- 指輪金具×1
- スワロフスキー×1
- UVレジン液
- ピアス金具×2

道具
- ニトリル手袋
- 防護マスク
- 型取り用の紙容器
- デジタル秤
- プラスチック容器
- プラスチックスプーン
- シリコンシート
- 接着剤（アクリル樹脂系）
- UVライト
- ピンセット

※スワロフスキーの代わりにラインストーンを使ってもよい。

魔鉱石を作る

1

シリコンでオリジナルの鉱石型を作っていく。型取り用の紙容器に原型となる鉱石を置く。

2

デジタル秤にプラスチック容器を乗せ、シリコン主剤15gを量る。

3

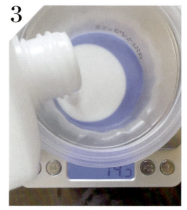

2の容器に硬化剤を15g加え、合わせて30gにする。※主剤と硬化剤の配合は、製品によって異なる。

4

混ぜ残りがないよう、よく混ぜる。不十分だと硬化不良を起こすので注意。エポキシレジン液のみを使う場合は色つきのシリコンでもよいが、UVレジン液も使う際は透明シリコンを使うこと。

5

1にシリコン液を流し込む。

6

シリコンが固まるまで動かさずに、30分ほど放置する。※硬化時間は製品によって異なる。

7 固まったら紙容器を破き、原型を取り出す。

8 鉱石型が完成。

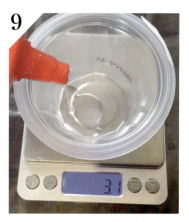

9 プラスチック容器をデジタル秤に乗せ、エポキシレジン液の主剤10gを量る。

10 色を付けたりラメを入れたりしたい場合は、ここで着色料やラメを入れる。

11 **10**にエポキシレジン液の硬化剤5gを加えてよく混ぜる。※硬化不良防止のため、必要な量より多く作る。

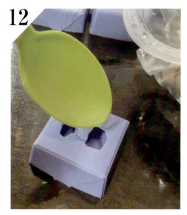

12 型に流し込む。

13 レジン液がいっぱいになったら、シリコンシートで蓋をする。

14 2日ほど置き、硬化したら鉱石レジンを型から取り出す。

指輪を作る

15
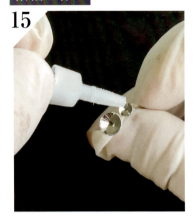
指輪金具の小さい方の台座に接着剤を塗る。

16

15にスワロフスキーを接着する。接着剤がスワロフスキーの表面に付着すると白く濁るので注意する。

17

鉱石レジンを仮留めする。大きい方の台座に少量のUVレジン液を乗せる。

18

鉱石レジンの位置を決める。

19
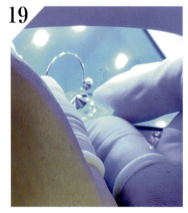
UVライトを10秒ほど照射し、硬化させて仮留めする。

20

UVレジン液を足して本留めする。さらにUVライトを2分ほど照射し、硬化してレジンが冷えたら完成。

ピアスを作る

15

鉱石レジンを仮留めする。ピアス金具に少量のUVレジン液を塗り、鉱石レジンの位置を決める。あらかじめ鉱石レジンを少しくり抜いてから置くと、ピアス金具が安定しやすい。

16
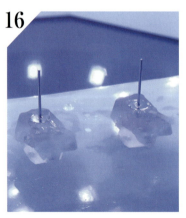
UVライトを10秒ほど照射し、硬化させて仮留めする。

17

UVレジン液を足して本留めする。UVライトを2分ほど照射し、硬化してレジンが冷えたら完成。

Wizard Glasses Decoration
魔導師の眼鏡飾り

材料
- 魔鉱石（p22-23参照）×2
- 印刷対応透明フィルムシール×1
- プラ板×1
- ラミネートシール（15cm四方）
- マニキュアなどの着色料
- UVレジン液
- 座金×6
- スワロフスキー（貼り付けタイプ）×2
- スワロフスキー（ラウンドタイプ）大×1 小×1
- 石座×1
- 透かしパーツ（月型）×2
- 透かしパーツ（縦長型）×2
- 飾りパーツ（花型）×1
- 蝶バネ式イヤリング×2
- シリコン
- 9ピン×2
- 丸カン×6
- 三角カン×2
- 鍵チャーム×1
- 穴無しチャーム（星）×2
- メタルパーツ×8
- アクリルビーズ（星柄）×2
- チェコビーズ（涙型）×2
- ガラスビーズ（ソロバン型）×2
- チェーン（8cm）
- 眼鏡チェーン用シリコン金具×2

※スワロフスキーの代わりに、ラインストーンを使ってもよい。

道具
- はさみ
- UVライト
- ピンセット
- ビニール袋
- ニッパー
- 丸ヤットコ

1

はじめに、魔鉱石（p22-23参照）を2つ作っておく。

2

片側3枚ずつ計6枚の羽根シールを作る。羽根のイラストを描いてフィルムシールに印刷する。

3

2をプラ板に貼って切る。あとできれいに切るので、この時点ではだいたいの形に切っておけばOK。

4

3の上からラミネートシールを貼る。空気が入りやすいので慎重に！

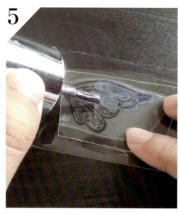

4をひっくり返し、裏面に着色料を塗る。ここではマニキュアを使用。

しばらく放置して乾かす。

余分なラミネートシールをはさみで切り落とす。

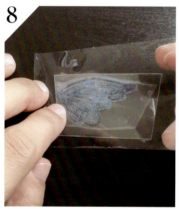

着色した裏面にもラミネートシールを貼る。

羽根の形に合わせて切り落とす。

羽根同士をUVレジン液で固定していく。接着面にレジン液を乗せ、3枚を1組に合わせる。

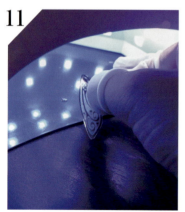

10にUVライトを2分ほど照射して硬化させ、冷えるまで待つ。

つなぎ目の裏面にUVレジン液をさらに乗せる。UVライトを2分ほど照射して硬化させ補強する。**3～12**の手順を繰り返し、2組の羽根パーツを作る。

本体を制作していく。シリコンシートの上に座金を置き、UVレジン液を乗せる。

26

13の上にスワロフスキーを置く。

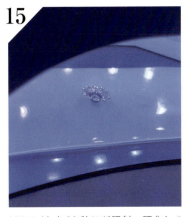

UVライトを30秒ほど照射。硬化して冷えるまで待つ。このあと何度もUVライトを照射するので、この時点では軽く付いている程度でOK。

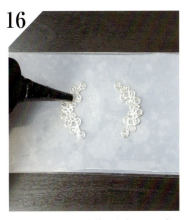

シリコンシートに本体の土台となる透かしパーツ（月型）を置き、UVレジン液を少量乗せる。

UVライトを30秒ほど照射して硬化させる。

UVレジンが完全に硬化する前に12の羽根パーツをつける。羽根とシリコンシートの間に厚みのあるものを挟んで、羽根が斜めの角度につくようにする。

UVライトを30秒ほど照射して硬化させる。

19にUVレジン液を乗せ、1の魔鉱石を接着していく。

UVライトを30秒ほど照射して硬化させる。固まるまで手で押さえておくとよい。

15や飾りパーツをUVレジン液で接着し、装飾を施していく。

23

UVライトを30秒ほど照射して硬化させる。安定しないものは硬化するまでピンセットで押さえるとよい。

24

全てのパーツを乗せ終わったら、UVレジン液をパーツの隙間に流し込む。

25

UVライトを2分ほど照射して硬化させ、補強する。

26

シリコンシートから剥がしてひっくり返し、裏面も隙間がある部分にUVレジン液を乗せる。UVライトを30秒ほど照射して硬化させる。

27

蝶バネ式イヤリング金具を仮留めして位置を決めていく。

28

位置が決まったら金具が埋まるようにUVレジン液を乗せ、UVライトを2分ほど照射して硬化させる。

29

金具のクッション材兼滑り止めを作る。シリコンを絞り出せるように袋に入れる。※シリコンではなく、ホイップ粘土でも可。

30

蝶バネ式イヤリング金具の辺りにシリコンを絞り出して乾燥させる。

31

眼鏡飾りの本体が完成。

32

垂れ下がりパーツを制作する。9ピンにメタルパーツ、ガラスビーズ、座金、アクリルビーズを通し、ちょうどいい長さで切る。

33

丸ヤットコで先を丸める。

34

32〜33の手順を繰り返し、2つ制作する。

35

三角カンをチェコビーズにつけて、丸カンで34のパーツとつなぐ。

36

35と透かしパーツを丸カンでつなぐ。

37

36と眼鏡チェーン用シリコン金具を丸カンでつないだら、垂れ下がりパーツが完成。

38

31の眼鏡飾りは、眼鏡のこの部分に。

39

37の垂れ下がりパーツは、眼鏡のこの部分につける。

Point

魔鉱石の色の調合と、薄くてしなやかな妖精の羽根がポイント。お手持ちの眼鏡に装着して、お楽しみください。

Night Crystal Specimen
夜色鉱石の標本

魔術素材3号店

夜の終わりを告げる白みを帯びた淡い青、紫の混じる深夜の青。そんな夜を思わせる色を持つことから夜色鉱石と呼ばれる。

発光もせず魔術媒体に使用されることもないが、その独特な色合いや夜と名の付く石のため、星や月のような装飾を付加され装飾品やインテリアとして流通されることが多い。

作り方 p32-33

Dragon Blood Crystal / Simple Incantation Scroll etc.
竜血結晶と簡易術式スクロール、その他
魔術素材3号店

「竜血」
服用することで視力、聴力、筋力などの身体強化効果を得ることができる。
しかしながら竜の血は空気に触れた途端に結晶化してしまうため、生きた竜から直接血を採取しなければならず、そのリスクの高さから大変高価なものとなっている。

「竜血結晶」
空気に触れて結晶化してしまった竜の血。
身体強化の効果があるがその効果量は液体状の時よりはるかに劣ってしまう上、服用での使用は効果の持続時間や強化箇所がランダムなので実戦での使用には向かない。

「簡易術式スクロール」
魔法陣と呪文が記載されたスクロールと、術式媒体になる小さなペリドットを試験管に封入したもの。開封と同時に術が発動する1回使い切りタイプ。
発動させたい術によってスクロールに記載される魔法陣や媒体となる石が異なる。

作り方 p34-35

Night Crystal Specimen
夜色鉱石の標本

| 材料 | ・UVレジン液
・着色料
・フラスコ×1
・チェーン×1
・丸カン×1
・メタルチャーム×1
・コルク栓×1
・ラベルシール | 道具 | ・調色パレット
・シリコンモールド（鉱石型）
・つまようじ
・UVライト
・接着剤（シリコーン樹脂系）
・ピンセット
・平ヤットコ
・丸ヤットコ |

※尖った部分があるシリコンモールドを使用する場合、あらかじめレジンを温めておくと気泡ができにくくなります。

1

調色パレットにUVレジン液を出して、青色と紫色にそれぞれ着色したレジン液を用意する。

2

まず、紫色のレジン液をシリコンモールドに流し込む。

3

次に青色のレジン液を流し込む。

4

モールドの先端には空気が入りやすいので、つまようじなどで尖っている部分の気泡を抜く。

最後に着色していない透明のレジン液をモールドいっぱいまで流し込む。

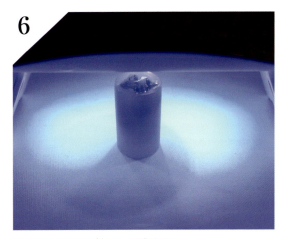

UVライトを5分照射して、硬化させる。

モールドからレジンを取り出し、底面に接着剤を塗る。

フラスコの底に接着する。

チェーンを任意の長さで切断し、メタルチャームを付けてコルク栓をする。最後にラベルを貼って完成。

Dragon Blood Crystal / Simple Incantation Scroll etc.
竜血結晶と簡易術式スクロール、その他

| 材料 | ・ミニ試験管×4
・コルク栓×4
・ラベル
・カーネリアンのさざれ
・グリーンモス
・モルフォ蝶の羽根
・ミニ魔法陣
・ペリドットのさざれ | 道具 | ・つまようじ
・はさみ
・ピンセット |

竜血結晶

1

カーネリアンのさざれを使用する。

2

ミニ試験管の8分目までさざれを詰める。赤色のさざれを選ぶのがポイント。

3

コルク栓をし、ラベルを貼って完成。

薬草

1

グリーンモスをミニ試験管の8分目までふんわり詰める。茎よりも葉の部分を選ぶと、見栄えよく仕上がる。コルク栓をし、ラベルを貼って完成。

蝶の翅

1

ミニ試験管に入るくらいのサイズにモルフォ蝶の羽根を切る。

2
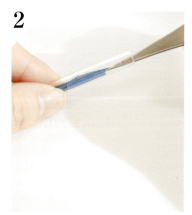
ピンセットで丁寧に試験管の中に入れてコルク栓をし、ラベルを貼って完成。

簡易術式スクロール

1

ミニ試験管に入るくらいの小さな魔法陣を紙に印刷して、切り取る。

2

ミニ試験管の大きさに合わせて丸める。

3

ペリドットのさざれと一緒に試験管の中へ入れる。

10

コルク栓をし、ラベルを貼って完成。

Point
ドライフラワーや天然石のさざれを入れれば、さまざまな種類のミニ試験管を作ることができます。アクリルビーズではなく、天然石を使用している点がこだわりポイントです。

オリジナル魔法陣
印刷してご自由にお使いください。　　※販売・再配布不可

作り方 p38-39

Magic Circle Amulet
魔法円のアミュレット

魔術素材3号店

輪の1つ1つが魔法陣と同等の効力を持ち、装着者の魔力の底上げや魔力出力をサポートをするアミュレット。しかしながら輪が多くなれば多くなるほど互いに干渉しあい魔力の出力も安定しないので、4つ以上の輪を使用したアミュレットのほとんどは上級魔術師や魔導師が使用している。

※写真下「魔術師の杖風ハットピン」は完成作品のみ掲載しています。

Stardust Lantern
星屑ランタン

魔術素材3号店

その発光の様子から星の浮かぶ夜空を思わせるため、星屑鉱石と名付けられた石を使用したランタン。
火を使用するランプでは重要書物の焼失リスクがあるため、このランタンが主に光源として使用されている。

作り方 p40-41

37

Magic Circle Amulet
魔法円のアミュレット

材料
- 9ピン（5cm以上）×1
- つららパーツ×1
- メタルフープ（2.5cm、2cm、1.8cm）×各1
- スペーサー×3
- アクアオーラ（1.6cm）×1
- スワロフスキー×1
- メタルパーツ×1
- バチカン×1
- チェーン

道具
- 丸ヤットコ
- ニッパー

※スワロフスキーの代わりに、ラインストーンを使ってもよい。

1

9ピンの輪の部分を開く。

2

開いた輪の部分につららパーツを通して輪を閉める。

3

9ピンの棒の部分に、写真の順でメタルフープやスペーサー、アクアオーラを通していく。

4

全てのパーツを通したところ。

5

続いて、輪の外に写真の順でスワロフスキーやメタルパーツを通す。

6

全てのパーツを通したところ。

7

パーツから飛び出した9ピンの棒部分を90度に曲げる。

8

6mm〜8mmほど残して棒部分を切断する。

16

残った部分を丸ヤットコで輪にする。

17

バチカンを開く。

18

16で丸く輪にした部分にバチカンを通して閉じる。

19

バチカンにチェーンを通したら完成。

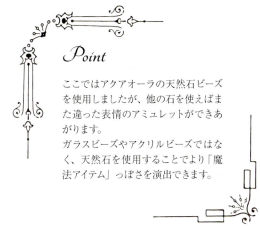

Point

ここではアクアオーラの天然石ビーズを使用しましたが、他の石を使えばまた違った表情のアミュレットができあがります。
ガラスビーズやアクリルビーズではなく、天然石を使用することでより「魔法アイテム」っぽさを演出できます。

Stardust Lantern
星屑ランタン

材料			道具	
	・UVレジン液	・Cカン×1		・調色パレット
	・レジン用着色料	・丸カン×2		・シリコンモールド（水晶型）
	（濃い青・薄い青）	・ワイヤーハンキング		・つまようじ
	・ラメ	ラック		・UVライト
	・ランタンパーツ×1	・サーフェイサー		・はさみ
	・LEDヒートン×1	（塗装下地スプレー）		・デザインナイフ
	・チェーン×1	・水性ペイント		（カッターでも可）
	・つららパーツ×1	（アイアンペイント）		・接着剤（シリコーン樹脂系）
				・丸ヤットコ

1

調色パレットで、濃い青と薄い青のレジン液を作る。

2

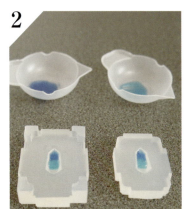

シリコンモールドの尖った部分に濃い青色レジン液、中心に薄い青色レジン液を流し込む。

3

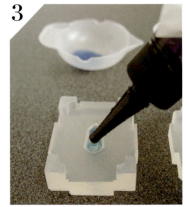

さらに着色していない透明レジン液を流し込み、グラデーションを作る。

4

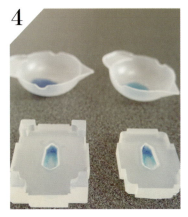

モールドは最後に重ね合わせるので、いっぱいまでレジン液を入れず、やや少なめにしておく。

5

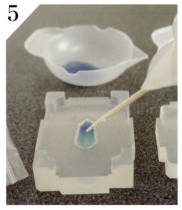

ラメを散らし、UVライトを5分照射して硬化させる。

6

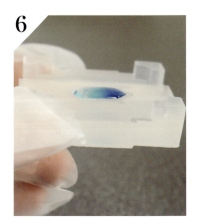

硬化したら、モールドから盛り上がる程度まで透明レジン液を流し込む。

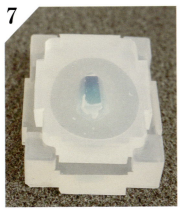

2つのモールドを1つに重ね合わせる。

UVライトを5分照射して、硬化させる。

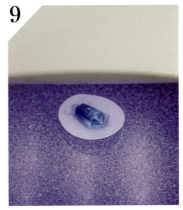

硬化後、モールドから出して、もう1度UVライトを5分照射する。

レジンがはみ出てしまった部分は、はさみで切り取る。細かいところはデザインナイフを使うとよい。

ランタンパーツと10を接着剤で付ける。

側面から見た時に、真っすぐになっていることを確認する。

12にLEDヒートンを接着剤で付ける。

チェーンとつららパーツをCカンでつなぎ合わせ、丸カンで13（下部）に付ける。

LEDヒートン側（上部）にも丸カンを付けて、ランタン部分は完成。

16

続いてスタンド部分を制作する。スタンドは100円ショップの「ワイヤーハンギングラック」をカスタマイズ。

17

サーフェイサー（塗装下地スプレー）を吹き付けて、下地の色を消す。

18

サーフェイサーが完全に乾いたら、アイアンペイントを塗る。塗料が乾いたら完成。

Point
LEDヒートンをひねると、やわらかな光を発します。
ランタン部分は、バチカンを付けてネックレスチェーンを通せば、アクセサリーとして身につけることもできます。

Scaled Mineral
鱗鉱石
しばすけ

鱗をまとう鉱石の魔法装具。
古の竜の眠る山では、竜からもれだした魔力が鉱脈となって魔法鉱石を育む。採れる鉱石の一部には古の竜の姿・鱗をまとう鉱石もあるという。

作り方 p44-49

Scaled Mineral
鱗鉱石

材料
- ・UVレジン液
- ・着色料
- ・ミール皿×1
- ・スワロフスキー×1

※スワロフスキーの代わりに、ラインストーンを使ってもよい。

道具
- ・プラスチックカップ（小）
- ・竹串
- ・シリコンモールド（半球形・鉱石型）
- ・UVライト
- ・ピンセット
- ・ニッパー

1
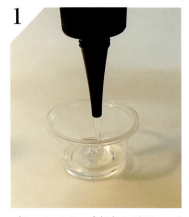
プラスチックカップ（小）に透明のレジン液を5～10ml入れる。

2

着色料を1～2滴入れる。入れすぎると硬化不良を起こすので注意。

3

竹串でよく混ぜる。

4
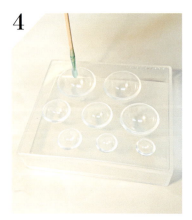
竹串にレジン液をつけ、モールドの縁に沿わせるように1滴垂らす。足りなければ追加する。

5
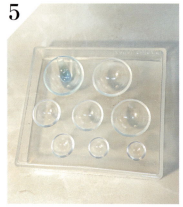
重力でレジン液が底に到達するのを待つ。モールドを傾けてもよい。

6
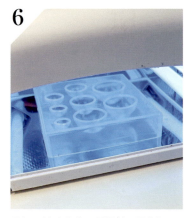
UVライトを3分ほど照射。硬化してレジンが冷えたらモールドから取り出す。

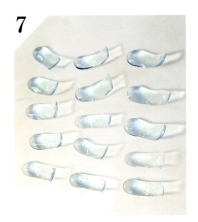

4〜6の作業を繰り返し、鱗レジンパーツを計15枚作る。

7の鱗レジンパーツをピンセットで1枚つまみ、根元部分に3の残りのレジン液を付ける。

レジン液を付けた部分に、2枚目の鱗レジンパーツを重ね、根元を合わせる。

ピンセットで押さえたままUVライトで3分ほど照射し、硬化させる。

3枚目の鱗レジンパーツの根元にレジン液を付ける。

10に11を重ね、根元を合わせる。

ピンセットで押さえたままUVライトで3分ほど照射し、硬化させる。

8〜13の手順をあと3回繰り返し、鱗3枚のレジンパーツを4セット作る。

14のレジンパーツの1つをピンセットで持ち、下半分の裏側にレジン液を付ける。

45

16 14のレジンパーツの1つに、15を上から重ねる。

17 重なりをずらして調節する。

18 魚の鱗らしく整った。

19 ピンセットで押さえたままUVライトで3分ほど照射し、硬化させる。

20 14のレジンパーツの残り2セットも15〜19の手順を繰り返して、鱗6枚のレジンパーツをもう1セット作る。

21 19をピンセットで持ち、下半分の裏側にレジン液を付ける。

22 20に19を上から重ねる。

23 重なりをずらして調節する。

24 ピンセットでおさえたままUVライトで3分ほど照射し、硬化させる。

14の残りの鱗レジンパーツ3枚の作業に入る。1枚目の根元の部分をレジン液に付け、2枚目の根元に重ねる。

ピンセットで押さえたままUVライトで3分ほど照射し、硬化させる。

3枚目の根元の部分をレジン液に付け、26の1枚目と2枚目の間に上から重ねる。

24の上に27を重ねる。

重なりをずらして調節する。

UVライトで5分ほど照射し、硬化させる。これで鱗部分は完成。

鉱石型のシリコンモールドを使って鉱石部分を作っていく。レジン液は鱗制作の残りを使う。竹串を使い、モールドの半分までレジン液を入れる。

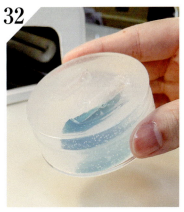

モールドを動かしながら液を行き渡らせ、鉱石の先端に液が集まるよう斜めに傾ける。

傾けたまま15秒ほどUVライトを照射する。

34

モールドの下に支えを置いて、傾いた状態で5～6分ほどUVライトを照射する。

35

硬化してレジンが冷えたらモールドから取り出す。ニッパーなどでバリを取る。

36

31～35の手順を繰り返して、35の鉱石レジンよりもひと回り小さな鉱石レジンを2つ作る。

37

硬化してレジンが冷えたらモールドから取り出す。ニッパーなどでバリを取り、長さを調節する。鉱石レジンが完成。

38

完成した鉱石レジン（大×1、小×2）をミール皿に仮置きし、配置が決まったら横からレジン液を流し入れる。

39

レジン液が行き渡ったら、5～6分ほどUVライトを照射する。

40

30の鱗レジンパーツを配置していく。接着する部分にレジン液を入れる。

41

バランスよく配置する。

42

5～6分ほどUVライトを照射する。

43
スワロフスキーを1粒配置する。接着する部分にレジン液を乗せる。

44
ピンセットを使ってバランスよく配置する。

45
5〜6分ほどUVライトを照射し、硬化したら完成。

Point

・着色料は入れすぎるとUVレジンが硬化しにくくなりますので、注意が必要です。
・UVライトを照射する際は、角度を変えてまんべんなく紫外線が当たるようにしましょう。

・レジンに入った気泡はあまり気にしなくてもよいでしょう。気泡が入った方が、かえって味わいのある仕上がりになります。

Magic Wand
魔法の杖

しばすけ

昔々、大きな大きな竜がいた。
竜は動くだけで地表を揺らし、いろんなものを壊していった。竜はそれを悲しく思い、動かなくていいように眠りについた。
いつか竜の上に土が盛り、大きな山が出来た。

長い竜の眠り。

いつしか竜の魔力は流れ出し鉱脈となった。

鉱脈からは星を内包し魔力を帯びた魔法鉱石が採れるようになった。

魔法は誰しも使えるが魔力には個人差がある。魔法装具は不足している力を補い、増強させることができる。

深く暗い洞窟の中で見つけた魔法鉱石。魔法装具屋はそれを持ち帰り、魔法の杖を作った。

※「魔法の杖」は完成作品のみ掲載しています。

Magic Wand Decoration
魔法の杖のオブジェ

しばすけ

6本の魔法の杖を模して作られたオブジェ。
杖部分を外すと細長いものを収納できる。

作り方 p53-58

51

Magic Wand Decoration
魔法の杖のオブジェ

材料
- シリコン主剤と硬化剤
- 原型となる鉱石
- UVレジン液
- 着色料（青系）
- 透かしパーツ（丸）×1
- 透かしパーツ（楕円）×1
- 星パーツ×1
- 羽根パーツ×6
- 枝パーツ×2
- デザインチャーム×1
- スワロフスキー（2〜3mm）×1
- アクリルパイプ（20cm、直径10mm）
- 山型の火消しアイテム
- LEDキャンドルの土台部分
- 練り消し
- 卓上POPの土台部分
- プライマー（塗装下地スプレー。ポリプロピレンに対応したもの）
- スプレーラッカー（黒）
- プラモデル用エナメル塗料（金色）

※スワロフスキーの代わりに、ラインストーンを使ってもよい。

道具
- デジタル秤
- マドラー
- プラスチックカップ（大）
  ※シリコン撹拌用と型枠用
- プラスチックカップ（小）
- 竹串
- UVライト
- マスキングテープ
- 接着剤（アクリル樹脂系）
- ニッパー
- つまようじ
- ポリエステル手袋
- マスク
- スポンジ

Memo
ここで使用しているUVレジン液。硬化した際にシワができにくく、粘度があるのでレジンの表面を盛り上げることもできます。

UVクラフトレジン
レジンプロ／YOU

1

デジタル秤にプラスチックカップ（大）を乗せ、シリコンの主剤を118g入れる。

2

1のカップに硬化剤を12g入れ、合計130gにする。※主剤と硬化剤の配合は、製品によって異なる。

3

混ぜ残りのないよう1〜2分ほど混ぜる。不十分だと硬化不良になるので注意する。

4

別のプラスチックカップ（大）に原型となる鉱石を入れる。

5

3のシリコン液を流し込む。

6

シリコンが固まるまで動かさずに24時間ほど置く。固まったら原型を取り出し、鉱石型が完成。

7

プラスチックカップ（小）に型を満たす分量の透明レジン液を入れる。

8

着色料を1〜2滴入れる。入れすぎると濃くなりすぎ、硬化不良を起こすので注意。

9
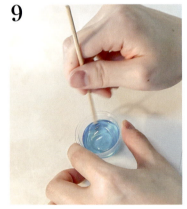
竹串でよく混ぜる。ここでキラキラのラメを追加してもよい。

10

6の鉱石型にレジン液を流し込む。

11

型の先端までレジン液が行き渡るよう竹串でならす。

12

型の開口部までレジン液を追加する。

13
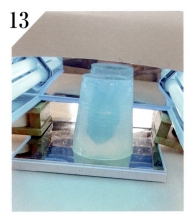
UVライトを上から10分照射。上下逆さまにして10分照射。さらに横に転がしながら5分、計15分ほど照射する。

14

硬化してレジンが冷えたら型から取り出す。鉱石レジンが完成。透かしパーツ（丸）を準備する。

15

鉱石レジンの底面にレジン液を3〜4滴垂らす。

16

透かしパーツ（丸）を上に置く。

17

UVライトを15秒ほど照射して仮固定する。

18

もう一度レジン液を垂らす。

19

竹串でまんべんなくのばす。

20

UVライトを5〜6分ほど照射する。

21

鉱石レジン部分が完成した。

22

エンブレム部分を制作していく。材料と道具は写真の通り。

23

透かしパーツ（楕円）と星パーツのカンの裏にマスキングテープを貼る。

24

透かしパーツ（楕円）全体に接着剤を塗る。

25

24に羽根パーツを順に貼りつけていく。

26

上部下部の4枚を貼ったら、中心に接着剤を追加する。

27

羽根パーツ2枚をバランスよく接着する。

28

枝パーツ2本の長さを調節する。不要な部分をニッパーで切断する。

29

27の中心に接着剤を追加する。

30

29に枝パーツ2本をVの字になるように接着する。左側は表向き、右側は裏返して使う。

31

30の中心に接着剤を追加し、デザインチャームを接着する。1つ目のエンブレムが完成。

32

つまようじで接着剤を少量取り、星パーツのカンの部分に塗る。

33

スワロフスキーを接着する。2つ目のエンブレムが完成。

34

杖部分を制作していく。材料と道具は写真の通り。

35

アクリルパイプに山型の火消しアイテムをねじ込んで装着する。

36

LEDキャンドル土台の口の小さい方に練り消しを入れる。

37

練り消しに刺すように35のアクリルパイプを立てる。練り消しは、アクリルパイプのグラつき防止のために入れた。

38

土台とアクリルパイプの隙間に接着剤を流し込む。

39

乾いたら、土台に31のエンブレムをバランスよく接着する。

40

マスクと手袋を装着して、屋外など換気のよい場所で全体にプライマー（塗装下地スプレー）を吹きつける。15～20分ほど乾燥させる。

41

同じく屋外など換気のよい場所でスプレーラッカー（黒）をかける。40～50分ほど乾燥させる。

42

金属風の塗装をしていく。スポンジにプラモデル用塗料（金色）を少量付け、ポンポンと叩いたり、スリスリと塗るように着色していく。

43

下の部分も忘れずに塗り、乾いたら着色完了。

44

エンブレムに 33 のエンブレムを重ねて接着する。

45

土台の内側に接着剤を塗る。

46

21 の鉱石レジンを接着したら完成。

Comment
「魔法の杖のオブジェ」は右ページの魔法の杖を模して作られています。魔法の杖は完成写真のみ掲載しています。物語とともにお楽しみください。

Concept
月を追い、太陽を追い、くるくる廻る輪廻の杖。

Story
淡い月のような、暖かい光のような色を持つ魔法鉱石が使われた杖。太陽を月が、月を太陽が追いかけ巡り巡る昼と夜をモチーフに作られている。

Concept
星の予定運命図を読み解き星を創る杖。

Story
青い鉱石をのぞきこめば見える星の影。持ち主は星を創ることができる。星、すなわちこれを含む魔法鉱石をさし、かつ頭と両手足先を結び魔法を発動させる人間をさす。

Concept
時を止める魔法の杖。

Story
昔、古い魔導書の禁断の一節を声にのせた持ち主によって目覚めた杖。時間を示す時計の歯車があしらわれている。

Concept
星のごとく夜空を駆ける羽根水晶の杖。

Story
稀に魔法鉱石を採る際に鉱脈から羽根を内包する鉱石が見つかる。星のごとく夜空を駆ける魔法を持ち主に授ける。

Concept
5対の翼ですべてを見通す全智の杖。

Story
丸い鉱石の中に別種の魔法鉱石を内包したインクルージョン型。6本目の魔法の杖は事情があり失われてしまった2本目のレプリカ。2本目とは違い5対10翼で完璧な形をしている。

（写真右）

Forest Of The Wizard
魔法使いの森 メルヘンハーバリウムライト

シリウス

「宵色の森」と昼の世界の間、魔女たちが暮らす「魔女の森」の対の位置に、この「魔法使いの森」はありました。静かに佇む深緑色の木々の合間から、赤や紫の花々が顔をのぞかせるその森は、どこか不思議な雰囲気。
それもそのはず、この森ではかつて名をはせた有名な魔法使いが、今も日々魔法の研究にいそしんでいるのです。
歩く時は気を付けて。魔法をかけられた鉱石が、あちこちに転がっていますから……。

作り方 p62-64

(写真右)

Forest Of The Water Spirits
水精霊の森 メルヘンハーバリウムライト

シリウス

明るくきらめく『妖精の森』とつながる湖の底に、静かな『水精霊の森』はありました。この森は、優しく美しい水精霊たちが暮らす神秘的な森。
水底には空から落ちてきた星屑があちこちに輝き、その星屑を糧に咲いた花々は、透明な光を放ちながら静かに揺れています。

そうして育まれたこの森の澄んだ水は、あらゆるものを癒し、安らぎをもたらし、静寂に満ちた時を与えてくれるのです。

作り方 p65-67

Forest Of The Wizard
魔法使いの森

| 材料 | ・ガラス瓶
・アクリルビジュー×8
・ガラスカレット×3
・プリザーブドモス
・クリスタルビジュー
・クラッシュシェル（ひとつまみ）
・ガラスブリオン（ひとつまみ）
・小さな天然石（ひとつまみ）
・箔
・ホログラム
・アジサイ | ・小さな花
・天然石（フローライトやアメジストなど色が濃く、光に透けるもの）×1
・カーリースモーク
・小さなフラワーヘッド×5
・歯車パーツ×2
・スケルトンリーフ×1
・ラメ（ひとつまみ）
・ハーバリウムオイル（200ml） | 道具 | ・ピンセット
・棒
・ろうと |

1

瓶の底にアクリルビジューやガラスカレットを並べる。

2

1の上にプリザーブドモスを敷き詰めていく。

3

写真の分量ぐらいまでモスを入れる。

4

モスと瓶の間にクリスタルビジューを入れていく。

5

棒を使ってモスと瓶の間にしっかりと押し込むとビジューが動かず、きれいに仕上がる。

6

クラッシュシェルやガラスブリオン等の細かい素材は指でつまみ、瓶を回しながら入れていく。

7
小さな天然石を散りばめる。

8
箔を散りばめる。

9
ホログラムを散りばめる。

10
モスに隙間があれば、アクリルビジューやガラスカレットを足していく。

11
アジサイを瓶の内面に寄せて入れていく。

12
瓶の中でアジサイが動かないよう茎の部分をモスによく押し込む。

13
色とりどりのアジサイをきれいに配置できた。

14
アジサイの合間に小さな花を入れていく。茎をモスに刺すように入れると良い。

15
モスの上、中央に天然石を入れる。

16

花々の合間にカーリースモークを少量入れる。

17

仕上げのホログラムを散りばめる。

18

仕上げの箔を散りばめる。

19

小さなフラワーヘッドを入れる。

20

歯車パーツを入れる。

21

スケルトンリーフを入れる。

22

素材が瓶の中にバランスよく入った。

23

ろうとを使い、静かにハーバリウムオイルを注ぐ。

24

仕上げにラメを散りばめて蓋を閉める。

Forest Of The Water Spirits
水精霊の森

| 材料 | ・ガラス瓶
・アクリルビジュー×8
・ガラスカレット×3
・プリザーブドモス
・クリスタルビジュー
・クラッシュシェル（ひとつまみ）
・ガラスブリオン（ひとつまみ）
・小さな天然石（ひとつまみ）
・マーメイドパール×5 | ・箔
・ホログラム
・アジサイ
・小さな花
・カーリースモーク
・ハーバリウムオイル（180ml）
・ラメ（ひとつまみ） | 道具 | ・ピンセット
・ろうと
・竹串 |

1
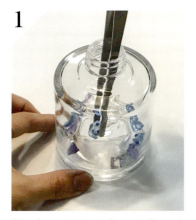
瓶の底にアクリルビジューやガラスカレットを並べる。

2

1の上にプリザーブドモスを敷き詰めていく。

3

写真の分量ぐらいまでモスを入れる。

4

モスと瓶の間にクリスタルビジューを入れる。モスと瓶の間にしっかりと押し込むとビジューが動かず、きれいに仕上がる。

5

クラッシュシェルやガラスブリオン等の細かい素材は指でつまみ、瓶を回しながら入れていく。

6

小さな天然石を散りばめる。

65

大きめの素材はピンセットで入れていく。

箔を散りばめる。

ホログラムを散りばめる。

モスに隙間があれば、アクリルビジューやガラスカレットを足していく。

アジサイを瓶の内面に寄せて入れていく。

瓶の中でアジサイが動かないよう茎の部分をモスによく押し込む。

アジサイをきれいに配置できた。

アジサイの合間に小さな花を入れていく。茎をモスに刺すように入れるとよい。

花々の合間にカーリースモークを少量入れる。

16
素材が瓶の中にバランスよく入った。

17
ろうとを使い、静かにハーバリウムオイルを注ぐ。

18
仕上げにラメを散りばめる。

19
瓶の中全体にラメが広がるよう竹串で静かに混ぜて蓋を閉める。

Point

モスが土台になるため、モスをしっかりと押し込まないと、後から入れるビジューや花が動いてしまいます。モスをしっかりと押し込むと、綺麗に仕上がります。

クラッシュシェルやガラスブリオン、天然石、箔、ホログラム等の細かい素材を散りばめる際は、瓶を傾けて、できるだけ瓶の外寄りに散りばめると、瓶の外から綺麗に見えます。

67

Tree Of The Universe
宇宙のなる樹

宇宙のなる樹

宇宙に憧れた旅人。
宇宙のかけらを手にするには足りないモノがあった。
旅人は島々を巡り、ついに深い森の中、
宇宙のなる樹を見つけたのだ。

作り方 p69-73

※写真左「宇宙のなる樹（大）」は完成作品のみ掲載しています。

Tree Of The Universe
宇宙のなる樹

材料	・地巻きワイヤーブラウン♯26 ・UVレジン液 ・着色料 ・ラメ（金） ・鉢 ・ガラスカレット	道具	・丸ゲージ（6㎜、8㎜） ・丸ヤットコ ・ラジオペンチ ・調色スティック ・つまようじ ・調色パレット ・UVライト ・接着剤（シリル化ウレタン樹脂系）

1

地巻きワイヤー（♯26）を半分に曲げる。曲げた部分が葉になるため極端には曲げず、折り目は丸くする。

2
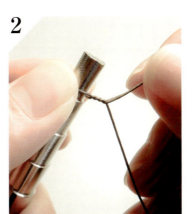
曲げた部分に丸ゲージ（6㎜）を当てて円を作り、3〜4回ねじる。ゲージがない場合は太さの合う丸い棒でもよい。

3
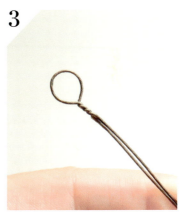
円ができた。

4
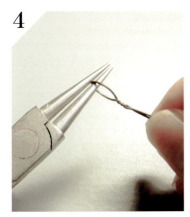
3を丸ヤットコを使って葉の形に整える。

5
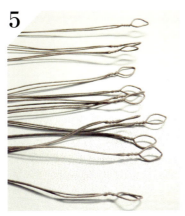
2〜4の手順を繰り返し、6㎜の葉を12枚作る。

6

丸ゲージ（8㎜）を使って円を作る。

69

7

6をラジオペンチを使って葉の形に整える。6〜7の作業を繰り返し、8mmの葉を11枚作る。

8

全部で23枚の葉の枠ができた。以降、6mmを葉（小）、8mmを葉（大）とする。

9

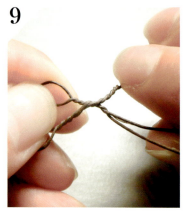

葉を束ねて枝を作っていく。最初に葉（小）2枚のワイヤーを1本ずつ重ねてねじりまとめる。

10

1cmほどねじり1束にする。下部は2本ずつに分けておく。

11

3枚目の葉（小）を①と①、②と②でねじって留める。

12

③と④をまとめてねじって1束にする。

13

⑤を⑥に巻きつける。

14

13を裏返して、4枚目の葉（大）を13に留めていく。

15

自然に見えるよう互い違いに表裏を変え、位置は少し下げて留めていく。同じ高さ、同じ面にすると自然に見えない。

16

11〜13と同じ手順でワイヤーをまとめていく。

17

枝らしく見えるように、ワイヤーを巻くのがポイント。

18

5〜8枚目の葉（大）も11〜13の手順で巻きつける。

19

枝が完成した。

20

1〜19の手順を繰り返し、枝を4本作る。葉の枚数はそれぞれ8枚、6枚、5枚、4枚にする。

21

透明のレジン液を着色し、水色と青色のレジン液を作る。ラメを入れてもよい。

22

調色スティックやつまようじを使い、葉に膜を張るように水色レジン液を乗せていく。

23

硬化する前に青色のレジン液を端から入れてにじませる。

24

UVライトを2分ほど照射して硬化させる。全ての葉に同様に行う。

25

葉に乗せる星を作っていく。透明のレジン液に金色のラメを混ぜる。

26

25を葉の両面に乗せ、UVライトを2分ほど照射して硬化させる。これを1枝ずつ行う。

27

全ての葉をコーティングしていく。26に透明のレジン液を塗り、UVライトを2分ほど照射して硬化させる。

28

全ての葉に色が付いた。続いて、枝を樹に仕立てていく。

29

まずは8枚葉の枝と6枚葉の枝をまとめる。8枚葉の枝から伸びるワイヤーと6枚葉のワイヤーをそれぞれ2つに分けて、8枚葉の分けたワイヤーと重ねる。

30

それぞれの重ねたワイヤーをねじって留める。

31

留めたらねじって1束にまとめる。

32

メインの枝からワイヤーの流れが乱れないように注意して数本ずつの束を2つに分ける。

33

5枚葉の枝を2つに分け、32に重ねる。

34

重ねたワイヤーをそれぞれねじって留める。樹の形を考慮した位置を決めてから留めるとよい。

35

留めたら1束にまとめていく。

36

まとめたワイヤーに、残っているワイヤーを巻きつけ1本の樹にしていく。

37

32〜36との手順で4枚葉の枝を留める。ワイヤーは端が尖っているのでケガに注意する。

38

自立するように足を作っていく。樹の幹を作ってから2つに分ける。

39

分けたワイヤーが円を描くように曲げ、自立するように調整する。

40

39の底面に接着剤を塗り、鉢に接着する。

41

接着剤が乾いたら根本をガラスカレットで埋めて、完成。ここではシーグラスカレットを使用した。

Space Egg
宇宙たまご
宇宙のなる樹

樹に果実が実った。
手にとってかざしてみると、瞬く星々がみえる。
どうやら宇宙を内包しているようだ。

私はこの果実を宇宙たまごと名付けた。
この果実から新しい宇宙が生まれるように感じた
からだ。

作り方 p75-79
※写真右「銀河たまご」は完成作品のみ掲載しています。

Space Egg
宇宙たまご

材料	・UVレジン液 ・着色料 ・背面用ラメ ・人工オパールカレットまたはオーロラ加工のあるガラスストーン（約3㎜）	・渦用ラメ（極細かいもの） ・貼り付けヒートン ・ネックレスチェーンなどのアクセサリーパーツ
道具	・調色スティック ・調色パレット ・エンボスヒーター ・アルミ箔 ・シリコンモールド（卵型、縦割り貼り合わせタイプ、20㎜） ・UVライト ・千枚通し	・ハンディタイプのUVライト ・はさみ ・カッター ・紙ヤスリ（400番〜1000番、水研ぎ） ・金ヤスリ（800番） ・固定用練りゴム ・ワイヤー ・コーティング液

1
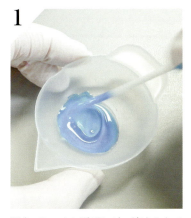
調色パレットに透明レジン液を入れて青色に着色する。

2
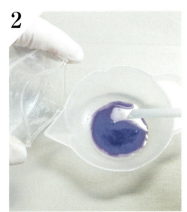
別のパレットに透明レジン液を入れて紫色に着色し、ラメも加える。1とともにエンボスヒーターをかけて気泡を消す。

3

UVレジンは太陽光が当たると硬化するのでアルミ箔で包むか、光を通さない引き出しなどに入れておく。

4
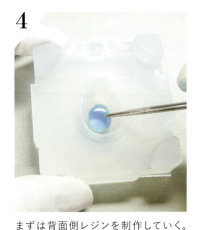
まずは背面側レジンを制作していく。卵型の背面モールドの下半分に青色レジン液のみ薄く入れ、UVライトを2分ほど照射して硬化させる。硬化のたびに針などで突いて完全に硬化しているか確認する。

5
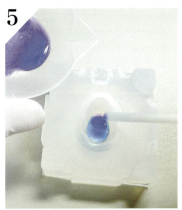
4の下部に青色レジン液を重ね、上部には3の紫色レジン液を重ねていく。軽く境界線をなじませる。

6

UVライトを2分ほど照射して硬化させる。

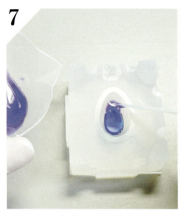

6の上部に紫色レジン液を重ねる。液が下部に行かないよう注意。

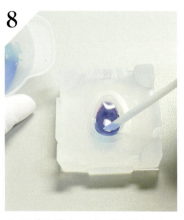

7の下部に青色レジン液を重ねてなじませる。UVランプを2分照射して硬化する。5〜8の作業を繰り返す。

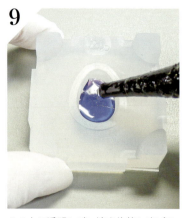

8の上に透明レジン液を均等に広げる。

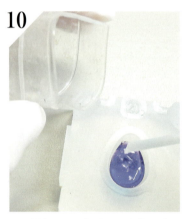

天の川をイメージしたラメを散りばめ、UVライトを2分ほど照射して硬化させる。

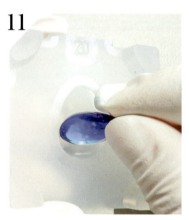

硬化してレジンが冷えたら背面モールドから取り出して、バリを切り落とす。

背面モールドにレジン片があれば除去し、透明レジン液を流し込みエンボスヒーターで温めて液を緩くする。

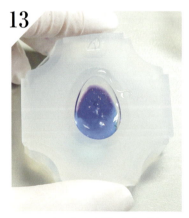

12に11を入れて裏側に気泡がないか確認する。表面がぷっくりするぐらいまで透明レジン液を入れる。

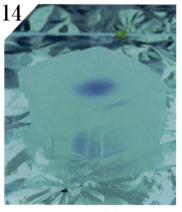

蓋をして傾けないよう注意しながらUVライトを上から2分照射。上下逆さまにして2分ほど照射して硬化させる。

表側レジンを制作していく。卵型の表面モールドに少量の透明レジン液を入れてエンボスヒーターで気泡を消したらUVライトを2分ほど照射して硬化させる。

16
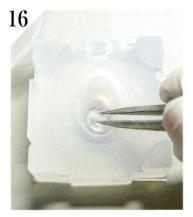
15の上に少量の透明レジン液を加え、ストーンもしくは人工オパールカレットを1粒入れる。サイズは3mmほどのものがおすすめ。

17
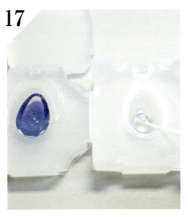
14と並べてストーンの位置を決めてから、UVライトを2分照射して硬化する。

18

渦用レジン液を作る。透明レジン液に極小ラメを溶かし込む。

19

透明レジン液を少し厚めに入れる。

20
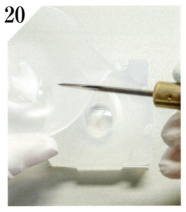
18を千枚通しなどですくい、19のストーンの周りに渦を描いていく。道具は金属製のものを使った方が気泡を巻き込みにくい。

21
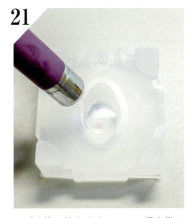
レジン液は流れやすいので、渦を描いたら即時硬化する。この時、モールドは動かしたくないので、UVライトはハンディタイプを使用するとよい。

22

19〜21の作業を2〜3回繰り返すと、このような渦が描ける。

23

21の下面にUVレジン液を流し込む。上にも少し盛り上がる程度に透明レジン液を足す。気泡ができてしまったら、エンボスヒーターで消しておく。

24
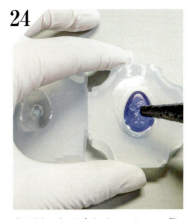
背面側レジンと合わせていく。この際、表面に気泡が入らないよう、背面側に透明レジン液を塗っておく。

25
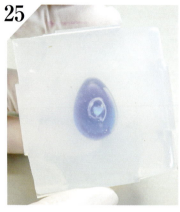
背面側を上にして表側のモールドを合わせる。モールドの裏を見て気泡がないかチェックする。力を入れてモールドを合わせると気泡が入りやすいので注意。

26
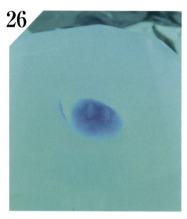
UVライトを上から2分照射。上下逆さまにして2分照射する。

27

硬化して冷えたらモールドから取り出し、UVライトをさらに5分照射。冷えたらはさみとカッターを使い、傷を付けないようバリを取る。

28

紙ヤスリをかける。400番は合わせ目の段差がある部分に使う。600番で全体のガタつき面を整え、800番、1000番で面を整えていく。

29
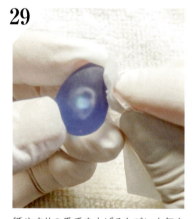
紙やすりの番手を上げるたびに水気を拭き取り、傷やへこみがないか確認する。1000番のヤスリがけが終わったら、傷がないか、しっかり確認する。

30

ヒートンを取り付けていく。取り付ける部分を金ヤスリで平らにする。

31
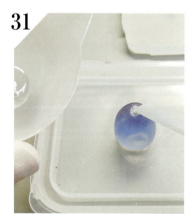
練りゴムで縦に固定し、平らになった部分に接着用の透明レジン液を垂らす。

32
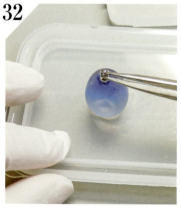
ヒートンを乗せる。

33

ハンディタイプのUVライトで仮留めする。ヒートンが動かなくなったら、本硬化のため2分照射する。

34

さらにヒートンの上からカンを埋めないように気をつけて透明レジン液を追加。UVライトを2分ほど照射して硬化させる。

35

硬化したらヒートンにワイヤーを付ける。

36

コーティング液にヒートンのカンの際まで浸し、すぐに上げて吊るして乾かす。ホコリがかからないよう、プラスチックカップなどをかぶせておく。

37

底面にコーティング液がたまってくるので、ティッシュの先などで卵に触らないように吸い取る。

38

1日ほどで乾いたらワイヤーを切って完成。

39

アクセサリーパーツを付ければ、ネックレスやピアスにアレンジ可能。

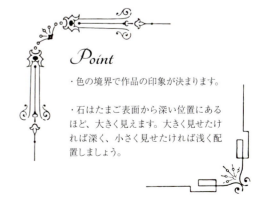

Point
・色の境界で作品の印象が決まります。

・石はたまご表面から深い位置にあるほど、大きく見えます。大きく見せたければ深く、小さく見せたければ浅く配置しましょう。

Celestia Light
セレスティアライト

Oriens

精霊を探すことが出来る魔道具。
鉱石に宿る精霊の力を借り、魔法も使用できる。

作り方 p81-86

Celestia Light
セレスティアライト

材料	・エポキシレジン液 ・着色料 ・ホログラム ・オーロラビーズ（5mm）×3 ・オーロラビーズ（8mm）×1 ・LEDランチャーライト×1 ・ガラスの小瓶（口径1.5cm）×1 ・ゴシックメタルパーツ×1	・透かしパーツ（丸、直径1.5cm以内のもの）×1 ・王冠パーツ（直径1.5cm）×1 ・ゴールドリング（サイズフリーのもの）×1 ・ヒートン×1 ・UVレジン液 ・丸カン×1 ・バッグチャームチェーン（完成品18cm）×1

道具	・ニトリル手袋 ・防護マスク ・紙コップ ・デジタル秤 ・エンボスヒーター ・シリコンカップ ・つまようじ ・シリコンモールド［ゴシック調（大・中・小）、六角柱、ジュエル型、リング型］ ・離型剤 ・筆	・竹串 ・中性洗剤 ・クリアースプレー（UVカット・光沢タイプ） ・マスキングテープ ・デザインカッター ・下地スプレー ・金色スプレー ・金ヤスリ ・接着剤（エポキシ系） ・UVライト

1

エポキシレジン液の主剤と硬化剤を紙コップに入れて量り、合わせて12gにする。1分間ほどよく混ぜ、上からエンボスヒーターで温めて気泡を消す。

2

1の液を半分ずつシリコンカップに分け、一方は透明のまま、もう一方は着色料で青色に染める。

3

気泡ができたらエンボスヒーターで温めて気泡を消す。

4

リング型とゴシック調のシリコンモールドに離型剤を塗る。

5

六角柱レジンを作る。2の透明レジン液を竹串ですくい、モールドの先端1cmぐらいまで気泡ができないよう1滴ずつ入れていく。気泡ができたらかき出す。

6

同様に透明レジン液を加えていき、モールドの半分ほどになったらホログラムを少量入れて竹串で混ぜる。

7

さらに透明レジン液を加え、6分目になったらオーロラビーズをバランスよく入れる。

8

さらに透明レジン液を加えて8分目まで満たす。続いて2の青レジン液を9分目まで入れる。

9

モールドに垂直になるよう竹串を立てて持ち、自然なグラデーションができるようゆっくりと混ぜる。上半分ぐらいが青いとバランスがよい。

10

竹串を抜き、モールドいっぱいに青レジン液を足す。ホコリよけのカバーをかぶせて24〜48時間ほど（室温や湿度により異なる）硬化させる。

11

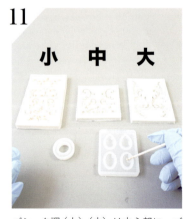

ゴシック調（大）（中）は中心部に、ゴシック調（小）は下部に、ジュエル型は9分目まで、リング型は5分目まで透明レジン液をつまようじで入れる。

12

グラデーションになるように少しずつ青レジン液を入れる。リング型のみ2層になるように仕上げる。

13

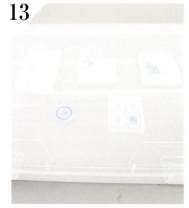

ホコリがかからないようケースに入れるなどして24〜48時間ほど（室温や湿度により異なる）硬化させる。

14

硬化したらモールドから取り出す。離型剤を塗ったものは中性洗剤でよく洗う。

15

ゴシック調（大）（中）（小）のレジンにクリアースプレー（UVカット・光沢）をかけて1時間ほど放置する。

16

スプレー着色の準備に入る。LEDランチャーライトからキーホルダー部分を外す。

17

中の電池を外す。

18

電池収納部の蓋を戻すが、閉めきらず緩めておく。こうすることで塗り残しがなくなる。

19

ライト部分に防護用のマスキングテープを貼る。余分な部分はデザインカッターなどで切り取る。

20

ここから22までの作業は、マスクと手袋を着用し、必ず換気をしながら行う。マスキングテープを貼ったライトを下にして下地スプレーを全体にかける。30分ほど放置する。

21

20が乾いたら金色スプレーをかける。厚いと乾きが遅くなるので、ムラなく薄くかけるのがポイント。

22

24時間以上放置して乾かす。

23

スイッチ部分のゴムを外す。

24

19で貼ったマスキングテープを剥がす。

25

六角柱レジンの底を金ヤスリで平らに整える。

26

リング型レジンの青い方の面に接着剤を塗る。

27

26をライト部分に接着する。

28

25の底面に接着剤を多めに塗る。

29

リング型レジンの中心に立てるように接着する。斜めにならないように注意。

30

リング型レジンの上面に接着剤を塗る。外側にはみ出さないようにする。

31

30に小瓶をかぶせて接着する。

32 ゴシック型レジン（大）を斜めに傾けるように持ち、ランチャーライトに接着する。

33 32のゴシック型レジン（大）の右下部分からゴシック型レジン（中）を差し込むように配置して接着する。

34 32のゴシック型レジン（大）に重ねるようにゴシック型レジン（小）をバランスよく接着する。

35 ゴシックメタルパーツの表面側に接着剤を塗る。

36 35にジュエル型レジンを接着する。

37 36をゴールドリングに接着する。

38 LEDランチャーライトのスイッチ部分にヤスリをかける。

39 38に接着剤を塗り、透かしパーツ（丸）を接着する。

40 ライトの上部（小瓶の底）に王冠パーツを接着する。

41

王冠パーツの中心にヒートンを接着する。

42

王冠パーツとヒートンの隙間を埋めるようにUVレジン液を入れ、UVライトを照射して硬化させる。こうすることで美しく仕上がる。

43

丸カンでバッグチャームチェーンを付ける。電池を戻し、**37**のリングをセットする。

Point

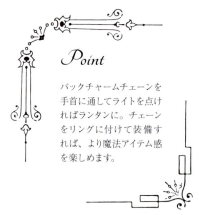

バッグチャームチェーンを手首に通してライトを点ければランタンに。チェーンをリングに付けて装備すれば、より魔法アイテム感を楽しめます。

※写真右「クレセントブルーワンド」は
完成作品のみ掲載しています。

87

(写真左から)

Rusalka Wand
ルサールカワンド

Latimeria Wand
ラティメリアワンド

Oriens

水属性の力を秘めた魔法の杖。
選ばれしものにのみ使用が許される。

作り方 p89-92

Rusalka Wand
ルサールカ ワンド

材料
- エポキシレジン液
- 着色料（青色）
- 飾り枠×1
- つめ付きビジュー×1
- ブックマークパーツ
- 月星パーツ×1
- 透かしパーツ（長）×1
- 3本ラインデザインパーツ×1
- 月パーツ（大）×1
- 星のガラスストーン×1
- スワロフスキー（オーロラ、8mm）×1
- スワロフスキー（ドロップ型）×1
- スワロフスキー（ソロバン型）×1
- 花座×2
- チェーン（4cm、5cm、3.5cm、6cm）×各1
- Cカン（3mm）×5
- バチカン×1
- Tピン×1

※スワロフスキーの代わりに、ラインストーンを使ってもよい。

道具
- ニトリル手袋
- 防護マスク
- 紙コップ
- デジタル秤
- エンボスヒーター
- シリコンカップ
- シリコンモールド（ゴシック調、しずく型）
- 筆
- 離型剤
- 竹串
- 中性洗剤
- クリアースプレー（UVカット・光沢タイプ）
- 接着剤（エポキシ系）
- ニッパー

1

エポキシレジン液の主剤と硬化剤を合わせて12g用意する。1分ほどよく混ぜ、上からエンボスヒーターで温めて気泡を消す。

2

レジン液を半量ずつシリコンカップに分ける。

3

片方を青色の着色料で着色する。

4

よく混ぜてから、エンボスヒーターで気泡を消す。

5

ゴシック調のシリコンモールドに離型剤を塗る。細かい模様のモールドの場合は、離型剤を塗っておくと硬化後のレジンを取り出しやすい。

6 着色していない方の透明なレジン液をすくってしずく型、ゴシック調のモールドに入れる。気泡ができないよう素早く作業するのがコツ。

7 レジン液を入れ終わったらエンボスヒーターをかけて気泡を消す。しずく型は6時間ほど置いて液を足すときれいな2層に仕上がる。

8 7に4の青色レジン液を竹串で少量ずつ足してグラデーションを作る。端から少しずつ入れるのがポイント。この時も気泡ができたら消すのを忘れずに。

9 ホコリよけのカバーをかぶせて、24〜48時間ほど（室温や湿度により異なる）置いて硬化させる。

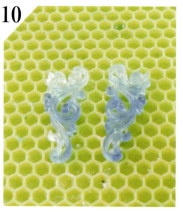

10 硬化したらモールドから取り出す。ゴシック調レジンは中性洗剤で洗って離型剤を落とし、クリアースプレー（UVカット・光沢）をかけて1時間ほど放置する。

11 レジンパーツを接着して組み立てていく。接着剤をゴシック調レジンの内側になる部分に塗る。

12 2つを貼り合わせる。

13 飾り枠に接着剤を塗る。

14 硬化したしずく型レジンをモールドから取り出し、飾り枠に接着する。

15

14 につめ付きビジューを接着する。

16

12 と 15 を接着する。

17

ブックマークパーツの上部に接着剤を塗る。パーツのカン部分が向かって左側になるよう向きに注意。

18

16 と 17 を接着する。

19
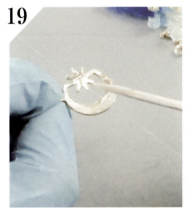
月星パーツに接着剤を塗る。

20

18 と 19 を接着する。固まる前につまようじで位置を微調整しバランスを整える。

21

透かしパーツ（長）の表面下部に接着剤を塗る。

22

20 の裏面上部に接着する。

23

星のガラスストーンとスワロフスキーをそれぞれ花座に接着する。

24

ガラスストーンを **22** の透かしパーツ表面上部に、スワロフスキーを月星パーツの下に接着する。

25

月星パーツのカンとブックマークパーツのカンを2本のチェーン（4cm、5cm）でつなぎ、たるませる。

26

3本ラインパーツのカンをニッパーで取る。とがっていたら、軽くヤスリをかける。

27

26 を **25** の裏面に接着する。

28

ブックマークパーツのカンにCカンで2本のチェーン（3.5cm、6cm）をつなぐ。チェーンは下に垂れている状態。

29

スワロフスキー（ドロップ型）にバチカンを付ける。

30

スワロフスキー（ソロバン型）にTピンを通し、7mmほど残してニッパーで切り、月パーツ（大）に付ける。

31

チェーン（3.5cm）に **29** を、チェーン（6cm）に **30** をCカンで付けて完成。

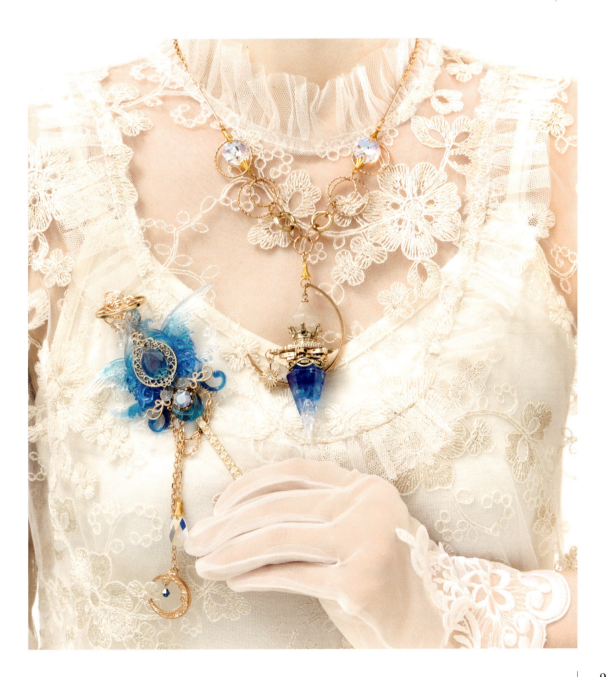

Latimeria Wand
ラティメリアワンド

材料
- エポキシレジン液
- 着色料
- 飾りパーツ×2
- 透かしパーツ（丸）×1
- 透かしパーツ（長）×1
- 透かしパーツ（三日月）×1
- ブックマークパーツ×1
- 5本ラインデザインパーツ×1
- 円パーツ×1
- 月パーツ（大）×1
- 花座×1
- スワロフスキー（8mm）×1
- スワロフスキー（ドロップ型）×1
- スワロフスキー（ソロバン型）×1
- チェーン（4cm、5cm、3.5cm、6cm）×各1
- Cカン（3mm）×5
- バチカン×1
- Tピン×1

※スワロフスキーの代わりに、ラインストーンを使ってもよい。

道具
- ニトリル手袋
- 防護マスク
- 紙コップ
- デジタル秤
- エンボスヒーター
- シリコンカップ
- シリコンモールド [ゴシック調（大・小）、しずく型、翼型、月型]
- 離型剤
- 筆
- 竹串
- 中性洗剤
- クリアースプレー（UVカット・光沢タイプ）
- 接着剤（エポキシ系）
- つまようじ
- ニッパー
- 平やっとこ

1
エポキシレジン液の主剤と硬化剤を紙コップに入れて量り、合わせて12gにする。1分間ほどよく混ぜ、上からエンボスヒーターで温めて気泡を消す。

2
1の液を半分ずつシリコンカップに分け、一方は透明のまま、もう一方は着色料で青色に染める。

3
気泡ができたらエンボスヒーターで温めて気泡を消す。

4
翼型とゴシック調のシリコンモールドに離型剤を塗る。

5

翼型には両先端に、ゴシック調（大）には上部と下部に、ゴシック調（小）には下部の丸まっている部分に、透明レジン液を1滴ずつ型に流し込む。しずく型と月型は9分目まで満たす。

6

グラデーションになるように少しずつ青レジン液を入れる。月型のみ2層になるように仕上げる。

7

流し込みが終了。気泡があればエンボスヒーターや竹串で消す。液が固まってくるので、作業開始からここまで30分以内に終わるよう手早く行う。

8

ホコリがかからないようケースに入れて24〜48時間ほど（室温や湿度により異なる）硬化させる。浅いモールドなので液がこぼれやすい。移動の時は水平に。

9

硬化したらモールドから取り出す。離型剤を塗ったものは中性洗剤でよく洗う。

10

翼レジン、ゴシック調（大）（小）のレジンにクリアスプレー（UVカット・光沢）をかけて1時間ほど放置する。

11

レジンパーツを組み立てていく。ゴシック調（小）レジンの上部に接着剤を塗る。

12

翼レジンと接着する。反対側も同様に。左右対称に整えるのがポイント。ここでずれると後で作品全体のバランスが悪くなる。

13

ゴシック調レジン（大）の裏面に接着剤を塗る。

14

12に重ねるように接着する。反対側も同様に。

15

飾りパーツには表と裏の両面に接着剤を塗る。

16

14が乾かないうちに挟み入れるよう15を接着する。左右のバランスに気をつける。

17

内側の上・中・下の3点の接着面に少量の接着剤を塗る。

18

左右のレジンパーツを対称になるよう接着する。

19

透かしパーツ（丸）に接着剤を塗る。

20

しずく型レジンを19に接着する。

21

18と20を接着する。つまようじで微調整してバランスをとる。

22

ブックマークパーツの上部に接着剤を多めに付ける。パーツのカン部分が向かって左側になるよう向きに注意。

23

手で支えながらしっかり接着。まっすぐになるよう気を付ける。

24

スワロフスキーを花座に接着する。

25

ブックマークパーツの上部に接着剤を塗る。

26

24と月型レジンを25に接着する。

27

透かしパーツ（長）の下部に接着剤を塗り、裏面の上部に接着する。

28

25に円パーツが斜めになるよう接着していく。2ヶ所に接着剤を塗る。

29

円パーツを28に接着する。

30

5本ラインデザインパーツのカンをニッパーで取る。

31

30を29の裏面に接着する。

32 透かしパーツ（三日月）の表面の中央部に接着剤を多めに塗る。

33 32を31の5本ラインデザインパーツの下部に接着する。

34 透かしパーツ（三日月）の先端左右の穴にCカンで2本のチェーン（4cm、5cm）をつなぐ。

35 ブックマークパーツのカンにCカンで2本のチェーン（3.5cm、6cm）をつなぐ。

36 スワロフスキー（ドロップ型）にバチカンを付ける。

37 スワロフスキー（ソロバン型）にTピンを通し、7mmほど残してニッパーで切り、月パーツ（大）を付ける。

38 チェーン（3.5cm）に36を、チェーン（6cm）に37をCカンで付ける。

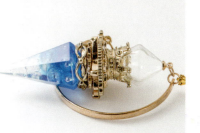

Spirit Water
スピリットウォーター

Oriens

水の加護が施された魔法のアクセサリー。
ヒーリング効果があり傷ついた体を癒す。

作り方 p100-103

※写真奥「魔法のコンパクト　草木の夢／海の劇場／星の導き」は、
完成作品のみ掲載しています。

スピリットウォーター
Spirit Water

材料

[六角錐型レジン]
- エポキシレジン液
- 着色料（青色）
- オーロラビーズ（大）×2
- オーロラビーズ（小）×6
- 透かしパーツ（結晶）×2
- 透かしパーツ（丸）×1
- 星パーツ×1
- 五芒星パーツ×1
- 王冠パーツ×1
- ブライトスターパーツ×1
- 半円パーツ×1
- ダイヤ型ガラスドーム

- デザインリング×1
- 波リング×1
- ヒートン×1

[ネックレス]
- バチカン×5
- 丸カン（5mm）×7
- デザイン丸カン（小×5、中×2、大×4）
- Cカン（3mm）×2
- デザインリング×2
- スワロフスキー（ペンタゴン）×2
- スティックパーツ×2
- ネックレスチェーン（完成品50cm）×1

※スワロフスキーの代わりに、ラインストーンを使ってもよい。

道具
- ニトリル手袋
- 防護マスク
- 紙コップ
- デジタル秤
- エンボスヒーター
- パレット
- 小瓶（口径15mm）
- シリコンモールド（六角錐型、サイズ約38×24×24mm）
- マスキングテープ
- 竹串
- プラスチックカップ
- コンパウンド（粗目、細目、仕上げ目）
- 中性洗剤
- ニッパー
- ヤスリ
- 接着剤（エポキシ系）

Memo

硬化した六角錐型のレジンは、コンパウンドと呼ばれる「ツヤ出し剤」で磨くと美しい仕上がりになります。コンパウンドは、プラモデルの塗装面に使用されることが多いですが、レジン作品でもツヤを出すことができるのでおすすめです。

タミヤ コンパウンド（粗目、細目、仕上げ目）／タミヤ

1

エポキシレジン液の主剤と硬化剤を合わせて12g用意する。1分ほどよく混ぜ、上からエンボスヒーターで温めて気泡を消す。

2
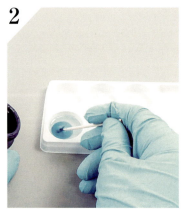

1の液を8:2の割合で分け、2割の分量をパレットに移して青色の着色料で着色する。ここでも気泡ができるので、エンボスヒーターで温めて気泡を消す。

3

小瓶の口にシリコンモールドを置き、マスキングテープで仮留めする。一周ぐるっと巻かずに一部開けておくと、モールドの中まで見やすく作業しやすい。

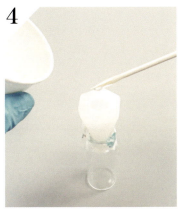

4 2で分けた透明レジン液を竹串ですくい、モールドの先端1cmぐらいまで1滴ずつ入れていく。気泡ができたらかき出す。

5 4にオーロラビーズをバランスよく入れていく。モールドの8分目までレジンとビーズを重ねて3層にしたいので、4〜5の手順をさらに2回行う。

6 2の青色レジン液をモールドの開口部まで入れる。モールドの角に気泡が入りやすいので竹串を奥まで入れて気泡をかき出し、レジンを行き渡らせる。

7 モールドに対して垂直に竹串を立ててゆっくりと混ぜ、自然なグラデーションを作る。上半分ぐらいが青いとバランスがよい。

8 竹串を抜き、モールドいっぱいに青レジン液を足す。ホコリよけのカバーをかぶせて24〜48時間ほど(室温や湿度により異なる)硬化させる。

9 モールドから取り出したレジンをコンパウンドで磨く(粗目→細目→仕上げ目の順)。最後に中性洗剤で洗う。

10 透かしパーツ(結晶×2)と星パーツのカン部分をニッパーで切り取り、ヤスリをかけておく。

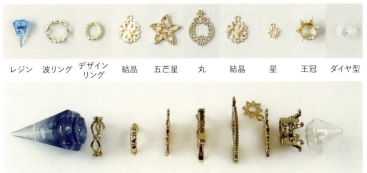

11 写真の順番で、9のレジンに接着剤でパーツを接着する。

12

合わせたパーツ同士の接着は、接着剤を多めに付けるとよい。

13

すべてのパーツを接着し終えたら、ダイヤ型ガラスドームの上にヒートンを接着する。この時、ヒートンの穴は正面を向けておく。

14

透かしパーツ（丸）にブライトスターパーツを付ける。

15

ヒートンに丸カンを付けて半円パーツを付ける。

16

ペンデュラムが完成。

17

ネックレス部分を作っていく。半円パーツの丸カンにバチカンを付け、さらに丸カンを付ける。

18

デザイン丸カン（小）を付ける。

19

デザインリングを付ける。

20

デザイン丸カン（小）を付ける。

21

デザイン丸カン（大）（中）を付ける。

22

丸カンを付ける。

23

両端にバチカンを付けたスワロフスキーを付ける。

24

23 のバチカンの間にデザイン丸カン（大）を通す。

25

空いているもう一方のバチカンに丸カンを付けて、スティックパーツを付ける。

26

ネックレスチェーンを半分に切断し、Cカンで **25** のスティックパーツとつなげる。

27

ネックレスチェーンの片方の装飾が完成。**26** で切断したもう片方のネックレスチェーンにも **18**〜**26** の装飾を行う。

Point
半分量（6g）のエポキシレジン液でも作ることができますが、少量のズレで硬化不良を起こしやすいので、多めに作ることをおすすめします。

Butterfly Dream
胡蝶の夢
AliceCode

青い世界に生きる蝶は、世界から離れると泡のように消えてしまう。儚い儚い 夢のように……。

儚い存在である青い世界の蝶を、魔力で包み込み美しいまま宝石へと変えた。

作り方 p105-108

Butterfly Dream
胡蝶の夢

材料	・UVレジン液（透明、紫） ・着色料 ・水晶 ・粉末水晶 ・ブルーのキラキラパウダー ・パールパウダー ・蓄光パウダー ・ブルーエフェクト ・結晶フィルム ・蝶のシール×1 ・京都オパール（虹色、クラッシュSサイズ） ・ヒートン ・ニス ・ネックレスチェーン	道具	・シリコンモールド（卵型・貼り合わせタイプ） ・つまようじ ・UVライト ・透明フィルム	・耐水ペーパー（800番、1000番、1500番） ・ピンバイス ・クリップ ・筆

Memo
京都オパールは京セラが独自の技術で開発した人工オパールで、風雅な伝統色をイメージした染色がされています。

1

透明レジン液を好みの着色料で色付けし、片方のモールドの3分の1程度までつまようじなどを使って入れる。

2

紫色のレジン液を加える。今回は3色のレジン液を使っている。モールドを回し、全体になじませる。

3

UVライトを40秒ほど照射して硬化させる。

4

上から透明レジン液を加える。

5

そっと水晶を落とし入れていく。

6

水晶の隙間に粉末水晶を埋めていく。

7

ブルーのキラキラパウダーを斜めの角度から刺すように入れていく。

8

粒が大き目のブルーエフェクトをキラキラパウダーの上下に刺すように入れていく。

9

UVライトを40秒ほど照射して硬化させる。

10

上に薄く透明レジンを乗せる。

11

パールパウダーを刺すように入れていく。

12

パールパウダーは水の流れのような感じを意識して、スッと描くときれいに仕上がる。

13

UVライトを40秒ほど照射して硬化させる。

14

上に薄く透明レジン液を塗る。

15

結晶フィルムを置き、透明レジン液でコーティングする。

16 UVライトを40秒ほど照射して硬化させる。

17 もう片方のモールドに3分の1程度まで透明レジン液を入れ、回しながらUVライトを40秒ほど照射して硬化させる。

18 上に薄く透明レジン液を乗せ、蝶のシールを1枚そっと封入。UVライトを40秒ほど照射して硬化させる。

19 上に薄く透明レジン液を乗せる。

20 京都オパールを刺すように入れていく。UVライトを40秒ほど照射して硬化させる。

21 上に薄く透明レジン液を乗せる。

22 蓄光パウダーを蝶の鱗粉の軌跡を描くように入れる。UVライトを1分ほど照射して硬化させれば、もう片方のレジンが完成。

23 16と22をモールドからいったん取り出し、両方のモールドに透明レジン液を3分の1ほど入れる。

24 23に硬化したレジンをそれぞれ戻し入れる。空気が入らないようにぐっとモールドに押し込み、あふれた透明レジン液が両方の表面をしっかり覆うようにする。

25

モールドを合体させ透明フィルムの上に置く。

26

UVライトを3～5分ほど照射して硬化させる。

27

硬化してレジンが冷えたらモールドから取り出す。バリがあれば取り除いておく。

28

耐水ペーパーで磨く。最初に800番ぐらいで水を付けながらバリの部分をきれいに研磨する。続いて1000番と1500番を水研ぎする。

29

表面がなめらかになったら、ピンバイスやドリルを使ってヒートン用の穴を開ける。

30

つまようじの先に少量の透明レジン液を付け、穴に塗り込む。

31

ヒートンの先にも少量の透明レジン液を付け、穴に差し込む。UVライトを1分ほど照射して硬化させる。

32

クリップ等でヒートンの先をつまみ、レジンにホコリや粉が付いていないか確認してからニスの中に浸け込む。ヒートン部分まで浸からないよう注意。

33

垂れ落ちてくる余分なニスは筆などを使って素早く落とし、数日間乾燥させる。乾いたらネックレスチェーンを付けて完成。

Ratziel's Tears
ラツィエルの涙 <small>ジェルキャンドル</small>

@mosphere candles

クリスタルの形をした神秘的なエネルギーの結晶。
魔法を司る大天使ラツィエルの力が込められており、
手にした者の内なる魔力を呼び覚ます。

作り方 p110-113

109

Ratziel's Tears
ラツィエルの涙

材料	・グミワックス® 　または自立型ジェルワックス ・着色料（キャンドル専用） ・座金 ・キャンドル専用芯 　（6mm × 3mm × 2mm）	道具	・小鍋または耐熱の計量カップ ・IH調理器又は電気コンロ ・ヒートガン ・シリコンモールド 　（直径6cm球形、一辺3.5cmキューブ型） ・はさみ ・ピンセット ・ラジオペンチ ・ステンレスピン

1

ワックス30gを計量カップに入れて、IH調理器または電気コンロで温めて溶かす。火力が強すぎると発煙するので、弱火と中火の間くらいで様子を見る。

2

1が溶けたら、着色料を混ぜてごく薄いブルーに着色する。

3

2が140～150度になったら、ヒートガンで10秒ほど温めたシリコンモールドに注ぐ。

4

約40分後、完全に固まったら型から外し、1/3量をはさみで細かく切っておく。

5
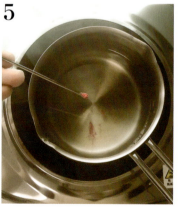
残りのワックスを小鍋に入れて溶かし、溶けて120度になったら、ごく薄いピンクに着色。ヒートガンで温めて気泡を消しておく。

6

球形モールドの下半分に4で細かくしたワックスを配置する。

ヒートガンで30秒ほどモールド全体を温める。

150度に温めた5を下半分ひたひたになるまで注ぐ。

8で注ぎ残ったワックスをパープルに着色する。

モールドの上半分をかぶせ、ヒートガンで30秒〜40秒ほど温めてから、9をモールドがいっぱいになるまで注ぐ。そのまま固まるまで待つ。

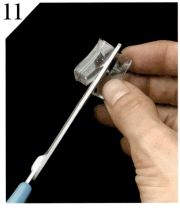
4の残りのブルーのワックスを水晶の形にカットしていく。

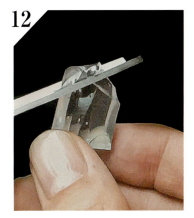
はさみで角を斜めに切り落とす。力を入れずにゆっくりと刃を動かすのがポイント。力が入ると弾力に負けてしまい、断面が歪みやすい。

最長2.5cmくらいまでの範囲で大小さまざまな形を作っておく。

ごく細かいかけらも作っておく。
（左：約5〜7mm、右：約2〜3mm）

10が固まったらモールドから取り出す。

111

18

はさみで切り込みを入れる。

19

てっぺんから少しずれた位置から中心に向かって、口が開いたような形にする。

20

さらに縁をギザギザに切り、割れたような質感を出す。

21

切り込みを指でさらに奥に広げるようにして亀裂を入れる。躊躇せずに思い切りやるのがコツだが、完全にちぎれてしまわないよう注意。

22

元の形に戻し、ヒートガンで表面を軽く温めてきれいにする。熱風が手に直接当たらないよう注意。

23

キャンドルの土台部分が完成。

24

分量外のワックス少量を溶かす。これを接着剤にする。溶けたワックスを切り口に向かって少量垂らす。

25

14のかけらを手早く乗せていく。

26

24〜25を繰り返して、切り口内側全体を埋めていく。時間が経つと接着しづらくなるのでスピード勝負。

27

13をピンセットでつまみ、接着用ワックスに根元を浸して手早く切り口に乗せていく。これを繰り返す。接着用ワックスは120～130度くらいを保つようにする。

28

水晶クラスターを意識して、角度やバランスを確認しながら乗せていく。

29

仕上げに水晶の根元部分に小さなかけらを付け、自然な印象にする。好みの形になったら、キャンドルを少し冷ましておく。

30

その間に芯を用意する。接着用ワックスの残りを温め、芯を浸して泡が出なくなるまで待つ。温度が高いと焦げるので注意する。

31

泡が出なくなったら引き上げ、ティッシュなどで余分なワックスを拭き取る。

32

座金に芯を通し、根元をラジオペンチで潰して固定する。

33
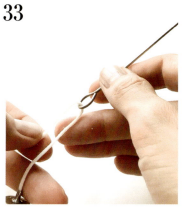
針に糸を通す要領で、座金付き芯をステンレスピンに引っ掛ける。

34

底面の中央からてっぺんに向かって刺す。

35

貫通したらラジオペンチで引っ張り、余分な芯は1cm強ほど残して切る。最後にヒートガンで表面を軽く温め指紋などを消したら完成。

113

Alchemist's Magic Potion
錬金術師の水薬 −Alchiminis−
@mosphere candles

古の錬金術師が作り出した魔法の薬。
時を経て朽ちたラベルに書かれた用法・効能は
今や誰にもわからない。
不死の霊薬か、あるいはただの酒であるとの噂も……。

作り方 p115-118

Alchemist's Magic Potion
錬金術師の水薬 —Alchiminis—

材料
- ガラスボトル
- 耐水性ドローイングインク2色(ブラウン、紫色)
- フィキサチーフ(定着剤)
- オイルランプ用カラーオイル(青緑色)
- コルク栓(ボトルの口径に合うもの)
- アンティークタグ
- パラフィンワックス
- 水晶型ビーズ
- 9ピン
- ネックレス用チェーン(金古美)約40cm
- 羽根
- 麻ひも(約60cm)
- ワックスコード(1mm、約50cm)
- オイルランプ用口金付き芯(ボトルのサイズに合わせて長さをカットしておく)
- アダプター(大きめのアイレット。口金がボトルの口径より小さい場合に使用する)

道具
- 紙ヤスリ(80番)
- 消毒用アルコール
- メイクスポンジ
- 筆
- アクリル絵の具(白)
- オーブンシート
- アイロン

1

ガラスボトルにエイジングを施す。紙ヤスリで包み込むようにしながらボトルを回し、全体に細かい傷を付ける。

2

出っ張っている部分は、机の上に置いて強めに削り、ダメージ感を強調する。終わったら消毒用アルコールでボトル全体の汚れをきれいに拭き取る。

3
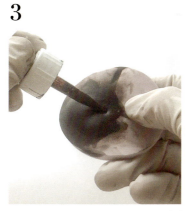
メイクスポンジにドローイングインク(ブラウン)をたっぷり含ませる。

4

上から下へ優しくなでるようにスポンジを滑らせ、全体をくすませるように着色。

5

筆にインクを含ませ汚れを足していく。余分なインクはスポンジで吸い取る。よりダメージ感を出したい時は、上から白いアクリル絵の具をごく薄く重ねる。

6

ドローイングインク（紫色）を土台部分に塗る。下へ行くほど濃くするとよい。重ね塗りをする時は、下地のインクが乾いてから優しく色を乗せる。

7

仕上げに、スポンジにインクを少し含ませて優しくポンポンと叩くようにして色の境目をぼかす。

8

着色が完了。インクをしっかりと乾燥させる。

9

インクが乾いたら、換気のできる場所で、ボトル全体にフィキサチーフを薄く均一に吹き付ける。これによって、インクのはがれや色あせを防ぐことができる。

10

9が完全に乾いたら、カラーオイルをボトルの8分目まで静かに注ぎ入れる。オイルがボトル表面にこぼれないように注意。コルク栓をしっかりと閉める。

11

タグを作る。今回は自作のオリジナルデザインをクラフト紙に印刷して使用。ひもを通すための穴をパンチで開け、周囲を少し破いてこなれ感を出す。

12

スポイトに水を少量含ませ、所々に垂らしてシミを作る。濡れた部分はしっかり乾燥させる。

13

ロウ引きをする。タグが十分に入る大きさのオーブンシートに、パラフィンワックスの小さなかけらを挟んで二つ折りにする。

14

上からアイロン（中温）で抑え、ワックスを熱で溶かす。

15

ワックスが溶けたらタグを挟む。

16

タグ全体にワックスが浸透するように、しっかり重みをかけてプレスする。

17

ロウ引きが完了。タグの色が濃くなり、透け感が出る。

18

17を手でくしゃくしゃに丸めて開く。

19

好みの風合いになるまで何度か繰り返す。

20

水晶型ビーズを、9ピンを使ってチェーンに通して、ネックレス状にしておく。

21

羽根飾りを作る。羽根（ここでは孔雀の羽根を2枚重ねて使用）を色鮮やかな部分から1cmほど下でカットする。

22

根元1cmの部分にワックスコードを真ん中からしっかり巻きつける。

23

一度固結びをする。

117

24

コードと羽根部分をピンと引っ張り、形を整えておく。

25

麻ひもを真ん中から二つに折って輪を作り、アンティークタグの裏側から通す。

26

麻ひもの端を下から輪に通し、静かに引っ張る。タグが破れないように注意する。

27

ボトルに巻いていく。麻ひもの端を、タグの付いているひもの下にくぐらせてから、写真のように軽く結び、引っ張りながら整える。

28

タグを取り付けた状態。

29

ネックレスを取り付ける。チェーンをボトルの首にかけ、4連になるよう回しかける。

30

チェーンを取り付けた状態。

31

羽根飾りを取り付ける。コードをクロスさせながら、ゆるまないように3回ほど巻きつけ、最後に、羽根部分と反対側の位置で固結びをして完成。

32

火を灯す時は、ボトルの口に口金付き芯を差し込む（口金から出す芯の長さは3mm〜5mmほど）。芯にオイルが浸透するまで数分待ち、点火する。

【ランプとして使う際の注意】安全のため、炎が3cm以上にならないようにする。炎が大きい場合は、必ず火を消してランプが冷めた状態で、口金から出ている芯を下からそっと引っ張り短くする。炎を大きくしたい時は同様の状態で芯を上から引っ張り長くする。炎を消す時は、強く息を吹きかけて消す。直射日光の当たらない涼しい場所にて保管する。コルク栓は完全密閉ではないため、絶対に横倒しにしないこと。

Healing Drop
癒しの雫

魔女工房 Bitty

煌めく癒しの魔力を封じ込め、木々の力を借りて作られた癒しのペンダント。
艶々の手触りと軽い着け心地が旅の装備にも適しており、魔力を扱う者がよく身に着けている。
身に着ける者にとって癒される色を用いて作られている。

作り方 p120-122

Healing Drop
癒しの雫

| 材料 | ・木片
・エポキシレジン液
・着色料
・バチカン
・ワックスコードまたはチェーン | 道具 | ・ニトリル手袋
・防塵マスク
・保護メガネ
・クリアファイル
・セロハンテープ
・紙コップ
・デジタル秤
・真空保存容器
・段ボール紙
・竹串
・糸のこ
・切り出し小刀またはルーター | （小型電動グラインダー）
・ダイヤモンドディスク（320番）
・耐水ペーパー
（400番、800番、1500番、3000番、5000番）
・ペースト状のダイヤモンド研磨剤
・蜜ろうワックス
・布（ワックス用）
・ピンバイス |

※ダイヤモンドディスクは、ルーターや砥石で代用可能。

1

クリアファイルを切ったものを木片に巻き付ける。木片は自立するものが望ましい。

2

セロハンテープでしっかりと隙間のないように留めていく。特に底面はレジン液が漏れやすいので、何度か重ねて隙間をなくす。

3
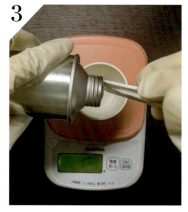
エポキシレジン液の主剤と硬化剤を紙コップに入れてデジタル秤で量り、合わせて75gにする。主剤と硬化剤を3分ほどしっかり混ぜる。

4

3の8割ほどを2つの紙コップに分け、それぞれ着色料を混ぜて赤系と青系のレジン液を作る。混ぜ方が不十分だと硬化不良になるので注意する。

5

2の型枠に赤系のレジン液を全量流し込む。木材の種類によっては気泡が出すぎるので、真空保存容器に入れて空気を抜き、5分ほど放置する。

6

5に青系レジン液を全量流し込む。気泡は竹串やエンボスヒーターを使って消すが、気泡も作品の味になるので多すぎなければそのままでもよい。

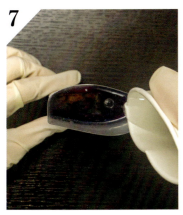

6に透明レジン液を流し入れる。気になる気泡は取り除く。

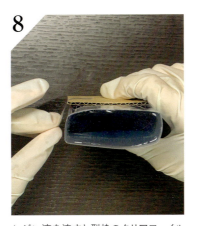

レジン液を流すと型枠のクリアファイルにたわみができるため、面が真っすぐになるよう段ボール紙の切れ端などで補強する。

竹串に白の着色料を少量付けてひと混ぜすると、エフェクト効果を付けられる。着色料の入れすぎ、混ぜすぎに注意。

硬化したら補強段ボール紙と型枠のクリアファイルを取り除く。

レジンが大きい場合は糸のこで半分に切る。※保護メガネ、防塵マスクを装着すること。

切り出し小刀やルーターで、ある程度成型する形に近付けておく。※保護メガネ、防塵マスクを装着すること。

ざっくりと成型したところ。

320番のダイヤモンドディスクで成型する。ダイヤモンドディスクではなく、ルーターを使用してもよい。この段階でしっかり形を決めるのがポイント。

耐水ペーパー400番で表面を滑らかにしていく。研磨、磨きは水を付けながら行うと、粉の飛び散りを防げる。

16

耐水ペーパー800番をまんべんなくかけて表面の傷をしっかりなくす。ここで傷を残すと以降消えにくくなるのでしっかりとかける。

17

表面の傷がほぼなくなった。

18

耐水ペーパー1500番で表面をさらに滑らかにし、3000番、5000番の順に研磨していく。

19

だんだんと透明感が出てくる。

20

ダイヤモンドペーストの研磨剤で磨き、鏡面に仕上げていく。

21

鏡面に仕上がったら、研磨作業は終了。

22

木材を保護するため木の部分に蜜ろうワックスを塗り込み、拭き取る。

23

ピンバイスで先端部に穴を開けて、バチカンを取り付ける。

24

ワックスコードやネックレスチェーンを付けて完成。

Space Bottle
宇宙小瓶

Luna

銀河を媒体に錬成されたと言われるビスマス結晶の強大な魔力を、
12星座の力で小瓶に封じ込めた古の道具。

作り方 p124

123

Space Bottle
宇宙小瓶

材料	・真鍮シート ・合成樹脂塗料（黒） ・コルク栓付きのガラス瓶×1 ・ビスマス結晶×1 ・UVレジン液
道具	・クリスタル砥石800番、1000番、2000番 ・はさみ ・カッター ・接着剤（エポキシ樹脂系） ・竹串 ・UVライト

1
真鍮シートに黒の塗料で墨入れする。文字内にきちんと塗料が入っていることを確認し、足りないようであれば2度塗りする。

2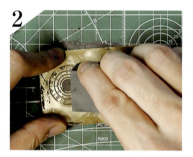
塗料が乾いたらヤスリがけする。800番、1000番、2000番と番手を上げて墨を落とし、最後に削りかすを水洗いして落とす。

3
はさみで天球を切り抜いていく。外側のバリを残さないよう切り抜くのがポイント。

4
内側の3つの円に角度をつけて立体的にする。カッターなどで内側の円のバリを取り除く。

5
瓶のコルク部分にビスマス結晶と**4**を仮置きして接着位置を決める。ガラス瓶に天球が当たらない箇所に定める。

6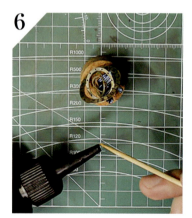
接着剤でコルクにビスマス結晶を接着する。**4**をビスマス結晶を取り巻くように配置し、UVレジンで仮固定していく。少量のレジン液を竹串などに取り、天球と結晶が接する箇所に塗る。

7
6をUVライトで5分ほど照射し、硬化させる。

8
レジンで仮固定した部分に接着剤を重ねてしっかり固定し、ガラス瓶をかぶせて完成。

※真鍮シートは、作家のオフィシャルウェブショップにて販売中。
「雑貨とハンドメイド素材のお店Luna」https://luna-craft.shop-pro.jp/

Chronos Medicine Bottle
クロノスの薬瓶

【farbe-ファルベ-】Kei

「機械仕掛けの街」
それは役目を果たした部品たちが集まってできた場所。
そこでは時間や記憶にまつわる魔法が溢れていた。まるで息をするように。
その街を訪れた時間の神・クロノスは魔法たちをそっと小さな瓶に閉じ込めた。
クロノスの薬瓶、その効果はさまざま。

作り方 p126-127

Chronos Medicine Bottle
クロノスの薬瓶

材料
- UVレジン液
- 着色料
- レジン内に入れるパーツ（歯車や時計の部品など）
- 歯車パーツ×4
- ヒートンキャップ

道具
- 色調パレット
- 色調スティック
- シリコンモールド（試験管型）
- ピンセット
- UVライト
- レジンクリーナー
- ニッパー
- ヤスリ
- 筆

1
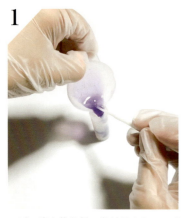
レジン液を着色料で色付けする。レジン液3gに対して10滴が目安。よく混ぜて大きな気泡が消えるまで置いた後、モールドの1cmほどまで注ぐ。

2

レジン内に入れたいパーツをランダムに入れていく。ボリュームのあるパーツから入れるのがコツ。

3
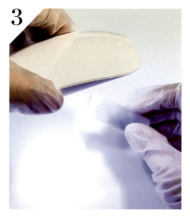
UVライトを1分ほど照射して硬化させる。少し斜めに傾けて硬化するとグラデーションがきれいに仕上がる。

4

1の残りのレジン液に透明レジンを少し加えて色を薄くする。2〜3を繰り返し、色を薄めてグラデーションを作る。モールドの縁から5mm残しておく。

5

開口部まで透明レジン液を追加して、UVライトを2分ほど照射して全体を硬化させる。表面は平らになるように仕上げる。

6

硬化してレジンが冷えたら取り出し作業に入る。モールドとレジンの間にレジンクリーナーを2滴ほど垂らす。

7

レジンクリーナーが全体に行き渡るよう、モールドをもむように動かすと取り出しやすくなる。

8
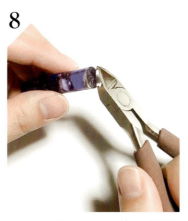
ニッパーなどでバリを取り除き、鋭利な部分がなくなるよう全体的にヤスリがけする。

9

歯車パーツに透明レジン液を付ける。

10

9を重ねてUVライトを1分ほど照射して硬化させる。

11

9〜11の手順を繰り返し、全ての歯車パーツをひとつにまとめる。レジン液を少し多めに付けて、1番上にヒートンキャップを重ね、UVライトを1分ほど照射して硬化させる。

12

試験管レジン上部の平面に透明レジン液を少量付ける。

13

12を重ね、手で固定したままUVライトを1分ほど照射して硬化させる。

14

硬化してレジンが冷えたら全体を透明レジン液でコーティングする。歯車部分を持ち、たっぷりめに塗るとムラにならない。この作業で作品にツヤが出てきれいに仕上がる。

15

UVライトを2分ほど照射して硬化させたら完成。チェーンを付けてネックレスにしてもよい。

Mineral Terrarium
鉱石テラリウム
Thistle

小瓶に閉じ込められた小さな癒しの庭。
鉱石の陰からは小さな妖精がひょっこり顔をのぞかせそう。
眺めているうちにフワリと意識が遠のいて——。

気が付くと森の中に倒れていた。

作り方 p130-131

Ancient Medicine Box
古の秘薬箱
Thistle

森をさまよい歩き、朽ちかけた小屋にたどり着いた。
暖炉で小さな炎が踊っており、書き物机には異国の
言葉で埋め尽くされた本が開いたままになっている。
そのかたわらには、緑色の石を囲むように不思議な
装飾がほどこされた丸い小箱が……。
何が入っているのだろう？

作り方 p132-135

Mineral Terrarium
鉱石テラリウム

材料
- 空き瓶
- 金属用プライマー（下塗り塗料）
- アイアンペイント（アンティークゴールド）
- アンティークメディウム（ライトブラウン・ダークブラウン）
- 天然石原石×1
- ミネラルタック（鉱物固定用の粘土）
- 観葉植物用の砂利
- プリザーブドモス（形や色の違うものを2種類以上使うとなおよい）
- ドライフラワー（2〜3種類）
- ひも（瓶を2〜3巻きできる長さ）
- チャーム×1

道具
- スポンジ
- ピンセット
- 手芸用ボンド

1 空き瓶の蓋にプライマーを塗り、乾燥させる。

2 アンティークゴールドの塗料を塗る。2〜3回重ね塗りするときれいに仕上がる。

3 塗料が乾いたらアンティークメディウムを用意。「ライトブラウン」「ダークブラウン」「2色を混ぜた中間色」の3色を使う。

4 アンティークメディウムを「ライトブラウン」「中間のブラウン」「ダークブラウン」の順に塗り重ね、なるべく自然に見えるよう、さびの効果を施す。

5 塗りが終了した。

6 天然石原石の底にミネラルタックを付ける。※写真ではアメジストを使用。

7

瓶の底の中央辺りに6を押し付けて固定する。

8

観葉植物用の砂利を天然石原石の周りに浅く敷き詰める。

9

プリザーブドモスに手芸用ボンドを少量つけて石の周りに敷き詰める。

10

全体のバランスを見ながら少しずつ配置するのがコツ。敷き詰め過ぎて石が見えなくなってしまわないように。

11

ドライフラワーの茎に手芸用ボンドを付けバランスを見ながら差し込んでいく。

12

蓋を閉めて瓶の口にひもやチャームで飾りを付けたら完成。

Point
中に入れる天然石の種類を変えるだけで、さまざまな表情の鉱石テラリウムができあがります。
8の工程で、砂利が崩れるのを防ぎたい場合は湿らせると固まるタイプを使うのがおすすめ。ただし、湿ったままだとカビの原因になるため、完全に乾かしてから次の工程へ進みましょう。

Ancient Medicine Box
古の秘薬箱

材料
- デコ用ピルケース×1
- 金属用プライマー（下塗り塗料）
- アイアンペイント（アンティークゴールド）
- アンティークメディウム（ライトブラウン・ダークブラウン）
- ポリマークレイ（ブラック）
- アイシャドウ（ブラウン〜ブロンズ系）
- 天然石（カボションカット6mm）
- ポリマークレイ用粉末塗料（ブロンズ）
- 液体ポリマークレイ×1

道具
- マスキングテープ
- スポンジ
- クレイクラフト用モールド
- はけ
- 歯ブラシ
- オーブン
- コーティング剤
- 接着剤（エポキシ樹脂系）

1. ピルケース内側をマスキングテープで保護する。

2. 塗料を塗りやすくするためプライマーを塗り、乾燥させる。

3. アンティークゴールドの塗料を塗る。2〜3回重ね塗りするときれいに仕上がる。

4. 塗料が乾いたらアンティークメディウムを準備。「ライトブラウン」「ダークブラウン」「両方を混ぜた中間色」の3色を使う。

5. アンティークメディウムを「ライトブラウン」「中間のブラウン」「ダークブラウン」の順に塗り重ね、なるべく自然に見えるようさびの効果を施す。

6. 乾いたらマスキングテープを剥がす。ケース本体は完成。

7
薄くのばしたポリマークレイをピルケースのサイズに丸くカットする。ピルケースデコ用のアルミ板や銅板で型取りをすると、ちょうどいいサイズの円が作れる。

8
クレイクラフト用モールドを準備する。

9
ポリマークレイをモールドに押し付ける。

10
きれいに模様が付いた。

11
暗めのブラウンかブロンズ系のアイシャドウをはけでサッと塗る。

12
天然石（カボションカット）を埋め込む。
※写真ではマラカイトを使用。

13
ポリマークレイを適量取り、ひも状にのばす。デコレーションに使うので多めに作っておく。

14
ひもに粉末の塗料（ブロンズ）を塗る。ベッタリ塗らず、ムラがあるぐらいでOK。

15
歯ブラシで優しくなでて余分な粉末を落とす。

16 天然石（カボションカット）を13〜15で作ったひもで囲んで固定する。ひもに少量の液体ポリマークレイを塗っておくと固定しやすい。

17 残りのひもで自由に装飾する。ここでは「ケルティックノット」と呼ばれる終わりのない結び目のモチーフを作成。

18 天然石（カボションカット）を囲むように配置。ここでもモチーフか土台に薄く液体ポリマークレイを塗っておくとよい。

19 結び目の終わりがなるべく見えにくくなるようにカットする。

20 ひもを2本より合わせる。

21 20で縁を飾り、オーブンで焼く。（温度や時間はポリマークレイのメーカーにより異なる）。

22 オーブンから出し、冷めたらコーティング剤を塗る。

23 コーティング剤が乾いたら接着剤を塗る。

24 ピルケースに貼りつけ、しっかりと定着させて、完成。

(左の写真右から)

Deep Forest Amulet Brooch
深き森のお守りブローチ

Adventurer's Amulet Pendant
冒険者のお守りペンダント

Thistle

深き森の魔女の工房には、不思議な道具たちが
所狭しと並べられている。
森の力を宿したブローチ、黒曜石の小刀、
そして青い輝きを帯びた石のペンダント。

作り方「深き森のお守り」p136-138、
「冒険者のお守りペンダント」p139-141

※写真左から「冒険者のお守り」「竜のお守り」「オブシディアンの短剣」は、完成作品のみ掲載しています。

Deep Forest Amulet Brooch
深き森のお守りブローチ

| 材料 | ・ポリマークレイ（ブラウン）
・ポリマークレイ（ライトグリーン）
・ポリマークレイ（ダークグリーン）
・9ピン×2
・リーフメタル×1
・天然石（カボションカット、25mm×18mm程度）×1 | ・液体ポリマークレイ
・アイシャドウ（ブラウン系）
・コーティング剤
・ブローチ金具
・丸カン×2
・ドロップ型ビーズ×1
・チェーン（10cm） | 道具 | ・クレイプレッサー
・竹串
・つまようじ
・丸玉鉄筆
・オーブン
・ヤットコ |

1
ポリマークレイを適量取り、クレイプレッサーで楕円形にのばす。

2

裏に竹串で溝を作る。ここにブローチ金具を付ける。

3

下部2箇所に9ピンを挿す。

4

リーフメタルを埋め込む。

5

リーフメタルの上に天然石（カボションカット）を埋め込む。※写真ではブルームーンストーンを使用。

6

ポリマークレイを適量取り、ひも状にのばす。

7

6で作ったひもで天然石（カボションカット）を囲んで固定する。

8

木の根を作る。ポリマークレイを適量取り、異なる太さのひも状にする。

9

8で作ったひもに筋状の模様を入れる。

10

木の根に見立て、天然石（カボションカット）を囲むように配置していく。細→太の順に。

11

ライトグリーンとダークグリーンのポリマークレイを極少量ずつ取り、指先で潰し根に貼りつける。

12

つまようじ等で2色を混ぜるように突き、定着させる。

13

11〜12を繰り返して苔や葉を表現。

14

左右に丸玉鉄筆で縦に2個ずつ穴を開ける。ここにチェーンを取り付けるための取っ手を付ける。

15

穴に極少量の液体ポリマークレイを塗り付ける。

16

根用のひもを2本短く切り、穴に挿し込んで固定する。

17

必要に応じて根に筋やひびを足す。

18

このままでは色鮮やかすぎるので、全体にブラウンのアイシャドウをはたいてくすませる。

19

裏側の溝に液体ポリマークレイを流し込む。

20

ブローチ金具を埋め込み、オーブンで焼く(温度や時間はポリマークレイのメーカーにより異なる)。

21

20をオーブンから出し、冷めたらコーティング剤を塗る。

22

左右の取っ手に丸カンを付ける。

23

下部の9ピンに丸カンを使って飾りチェーンを付け、チェーンの先端にドロップ型ビーズを付けて完成。

Point
22で付けた丸カンをチェーンや紐につなげるとネックレスにもなります。

Adventurer's Amulet Pendant
冒険者のお守りペンダント

| 材料 | ・ポリマークレイ（ブラック）
・天然石 原石（柱状）×1
・天然石（カボションカット、8mm x 6mm）×1
・天然石（カボションカット、6mm）×1
・リーフメタル×1
・アイシャドウ（ブラウン系） | ・液体ポリマークレイ
・コーティング剤
・チェーン（30cm）×2
・Cカン×2
・丸カン×2
・ナスカン×1
・アジャスター×1 | 道具 | ・カッター
・つまようじ
・歯ブラシ
・針
・丸太鉄筆
・オーブン
・ヤットコ |

1

ポリマークレイを適量取り、ボール状に丸める。

2

柱状の天然石原石を差し込み、ポリマークレイとの間に隙間ができないよう、しっかりと密着させる。※写真ではアクアオーラを使用。

3

全体のバランスを確認し、なるべく原石の露出が多くなるよう余分なポリマークレイをそぎ落とす。

4

形を整える。

5

石とポリマークレイの接合部分はつまようじ等でわざと荒らす。こうすることでより自然物らしさが増し、石がポリマークレイに定着する。

6

天然石（カボションカット）を埋め込む。※写真ではブルームーンストーンと、アイオライトを使用。

7

天然石（カボションカット）をいったん取り除き、くぼみにリーフメタルを敷く。

8

リーフメタルの上に7で取り除いた天然石（カボションカット）を置く。

9

ポリマークレイを適量取り、ひも状にのばす。ひもはデコレーション用に多めに作っておくとよい。

10

9で天然石（カボションカット）を囲んで固定する。固定できればどんな囲み方でもOK。

11

あとは自由に飾り付けする。残ったひもで形を作りランダムに貼り付ける。

12

羽根のモチーフを作って貼り付ける。

13

クレイを小さなボール状に丸めて貼り付ける。

14

装飾が完了したら、ブラウン系のアイシャドウを塗る。

15

歯ブラシで優しくなでて余分な粉末を落とす。

16

さらに針で模様を足す。

17

左右に丸玉鉄筆で縦に2個ずつ穴を開ける。ここにチェーンを取り付けるための取っ手を付ける。

18

9で作ったひもを短く切ったもの2本にアイシャドウを塗って取っ手を作る。

19

17の穴に極少量の液体ポリマークレイを塗る。

20

18の取っ手を穴に差し込んで固定したら、オーブンで焼く（温度や時間はポリマークレイのメーカーにより異なる）。

21

オーブンから出し、冷めたらコーティング剤を塗る。

22

ネックレスチェーン2本は、それぞれ端にCカンでアジャスターとナスカンを付けておく。左右の取っ手とチェーンを丸カンでつないで完成。

Point

きれいすぎる石よりも、ほどほどにクラック（ひび割れ）や内包物等が見られる石を使うことで、より自然で味わい深い仕上がりになるのでおすすめです。

作家プロフィール（掲載順）

伴蔵装身具屋　ばんぞうそうしんぐや

多摩美術大学卒。「錬金術師が作ったマジックアイテム」をテーマにした、ノスタルジックでファンタジーなアクセサリーやオブジェ等を制作。室内演出、イベント主催等、幅広く活動中。

HP：https://note.mu/banzooo
Shop：https://banzooo.booth.pm/
Instagram：@banzo_b
X（旧Twitter）：@banzooo

浦河いおり　うらがいおり

「架空世界の架空の店舗・魔術素材3号店で扱っている品々」をコンセプトに雑貨やアクセサリーを作っています。

HP：https://ameblo.jp/magicshop3rd/
Shop：https://minne.com/@3rd
Instagram：@uraga_iori
X：@uraga_iori

しばすけ

鉱物をモチーフにしたレジンアクセサリーや真鍮パーツを用いたファンタジー世界観満載なアクセサリーを制作する。3度の飯と猫が好き。

Instagram：@mikohand
X：@mikohand

シリウス

メルヘンファンタジーな世界観で、ひとつひとつに物語のある作品を制作しています。一点物やオーダーの作品で、あなただけの「世界」をお届けします。ウェブショップでは、幻想的な世界へと繋ぐ「メルヘンハーバリウムライト」や、一点物の魔法アイテムやアクセサリーを販売しています。

Shop：https://www.creema.jp/c/sirius
Shop：https://minne.com/@sirius04

宇宙のなる樹　うちゅうのなるき

物語をこめた写実的な宇宙モチーフ作品を目指し制作。その他、海や島を閉じ込めた情景作品も作成。2015年よりデザインフェスタに出展。委託店舗2店舗。内、埼玉県三郷市惑星座に作品を常時展示。

Shop：https://minne.com/@uthunonaruki
Instagram：@utyuunonaruki
X：@uthunonaruki

Oriens　おりえんす

見ていて楽しい、ワクワクする「魔法世界の道具」を制作しております。貴方が輝ける、貴方だけの魔法道具が見つかりますように。

Shop：https://minne.com/@oriens0416
Instagram：oriens.0526
X：@orienss0526

rento／AliceCode　れんと／ありすこーど

AliceCodeとして、青や創作世界を軸にハンドメイド作品を制作。レジンに天然石、スワロやガラスなどを使い、自身の「好き」が詰まった作品を作っています。作って楽しく、たくさんの方に見てもらって楽しんでもらえる作品作りをモットーに。魔法のような、自然のような、そんな作品をこれからも作り続けていきます。

Shop：https://minne.com/@alicecode
Shop：https://alicecode.booth.pm/
Instagram：@rento__
X：@al1cecode

@mosphere candles　あともすふぃあきゃんどるず

素材の持つ表現の幅広さに魅了され、キャンドル作りの世界へ。リアルな美しさの中に少し影のあるファンタジーを忍ばせて、心に魔法の火を灯すアートを創り出すことを目指しています。

Shop：https://atmoscandle.thebase.in/
Instagram：@gratin_atmosphere

MARI ／魔女工房 Bitty
まり／まじょこうぼうびってぃ

Bittyと呼ばれるファンタジー世界にひっそりとたたずむ魔法アイテム屋の魔女。歌うことが大好きで工房からはよく歌声が聞こえてくる。店には日常でも楽しめる魔法アイテムやアイテム錬成のためのレジン用モールドが並んでいる。

Shop：http://minne.com/mutekibaby
Instagram：@mutekibaby
X：@jayz0327

Luna　るな

ビスマス結晶やオリジナルデザインの真鍮シート、両者を組み合わせて作った宇宙系の雑貨を作っています。キラキラと星のようにある沢山アイテムの中から、あなたのお気に入りが見つかりますように。

Shop：https://luna-craft.shop-pro.jp/
X：@lunacraft0

【farbe -ファルベ-】Kei　けい

歯車や時計部品の洗練された輝きに魅せられて、レジンアクセサリーや雑貨を中心に制作。分解と再構築を軸に、使用する部品はジャンク品の時計を分解して洗浄したものを使用。新たな物語とともに、リメイクしています。
「日常に物語のキーアイテムを」

Shop：https://minne.com/@worksfarbe
Instagram：@farbeworks
X：@farbeworks

Thistle　てぃする

『思わず身につけたくなるお守りアクセサリー』をコンセプトに、天然石にワイヤーやポリマークレイを組み合わせた作品を制作。2013年よりネット販売や蚤の市を中心にヒッソリ・コッソリ活動中。アイルランド音楽が好きで、月に数回都内のアイリッシュパブでの演奏に参加している。美味しい紅茶とお菓子に目がない。

Hp：https://m.facebook.com/Thistlestones/
Shop：https://thistle.theshop.jp/
Instagram：@thistlestones
X：@ThistleStones

撮影スタジオ

スタジオリブレリー

古書店の中の貸切スタジオ。洋古書が並んだ書斎ブースやゴシック、シャビーシックなど70㎡に8つのブースを設置。

東京都多摩市永山1-8-3
TEL 042-400-6377
https://www.studio-librairie.com/
Price：平日5時間パック 10,000円〜

Studio Lumiere'k

アンティーク、空想、退廃、洋館など、どこにもない表現の場として日々変化するスタジオ。

東京都足立区東和2-17-2　倉庫2F
TEL 080-1355-1424
http://lumierek.lolitapunk.jp/main/
Price：平日5時間 37,000円〜

143

著者紹介
魔法アイテム錬成所

魔法系雑貨・アクセサリーの作り方を研究する組織。空想と現実の間を行ったり来たりしながら、「本当に魔法が使えそうなアイテム」の収集と魔法系クラフトの普及に全力を注いでいる。

Staff

撮影
田中舘裕介
印牧康典（株式会社マークスタジオ）
会田聡（スタジオエイム）

フォトスタイリング
阿原かおり

モデル
山中美冬

装丁デザイン
戸田智也（VolumeZone）

制作協力
よぎ　市原真由

企画・編集・DTP
株式会社マニュブックス

編集統括
川上聖子（ホビージャパン）

魔法雑貨の作り方
魔法使いの秘密のレシピ

2019 年 9 月 20 日　初版発行
2023 年 10 月 30 日　5 刷発行

著　者　　魔法アイテム錬成所
発行人　　松下大介
発行所　　株式会社ホビージャパン
　　　　　〒151-0053　東京都渋谷区代々木 2-15-8
　　　　　電話　03-5354-7403（編集）
　　　　　電話　03-5304-9112（営業）
印刷所　　大日本印刷株式会社

乱丁・落丁（本のページの順序の間違いや抜け落ち）は購入された店舗名を明記して当社出版営業課までお送りください。送料は当社負担でお取り替えいたします。但し、古書店で購入したものについてはお取り替え出来ません。
代行業者などの第三者に依頼して本書をスキャンすることは、たとえ個人や家庭内の利用であっても、著作権法上、認められておりません。
禁無断転載・複製

Ⓒ Magic item alchemical studio ／ HOBBY JAPAN
Printed in Japan

ISBN978-4-7986-1856-2 C0076